Uwe Knust

Leitfaden zur Einführung von ERP-Software

Antworten und Erfolgsstrategien

Allgemeingültige Tipps und Lösungen
zur Einführung von ERP-Software in ihrem Unternehmen,
unabhängig davon, ob es sich um
Infor, Microsoft, Navision, Oracle oder SAP etc. handelt.

Copyright: © 2021 Uwe Knust
Lektorat: Erik Kinting – www.buchlektorat.net
Umschlag & Satz: Erik Kinting

Verlag und Druck:
tredition GmbH
Halenreie 40-44
22359 Hamburg

978-3-347-36217-8 (Paperback)
978-3-347-36218-5 (Hardcover)
978-3-347-36219-2 (e-Book)

Bibliografische Information der Deutschen Nationalbibliothek:
Die Deutsche Nationalbibliothek verzeichnet diese Publikation in der Deutschen Nationalbibliografie; detaillierte bibliografische Daten sind im Internet über http://dnb.d-nb.de abrufbar.

Inhalt

1 Vorwort

Dieses kleine Büchlein richtet sich an alle Unternehmerinnen und Unternehmer, die Großes vorhaben, nämlich die Einführung einer neuen ERP-Unternehmenssoftware (Enterprise-Ressource-Planning-System, im Folgenden kurz ERP-Software genannt). Was versteht man eigentlich unter einer ERP Software? Der Name suggeriert, dass es sich um ein Ressourcenplanungsprogramm handelt. Ich finde das irreführend, weil damit nur eine der vielen Eigenschaften einer solchen Software erwähnt wird. Tatsächlich unterstützt die ERP-Software ihre gesamten Geschäftsprozesse im Unternehmen. Sie enthält Module für den Einkauf, den Verkauf, die Finanzbuchhaltung, die Lagerwirtschaft, die Produktion und viele mehr. Diese Module arbeiten automatisiert zusammen und tauschen jede Menge Daten und Informationen miteinander aus, die dabei helfen, die Geschäftsprozesse ihres Unternehmens schnell, fehlerfrei und mit geringem manuellen Aufwand ablaufen zu lassen.

Um dieses Ziel zu erreichen, ist es notwendig, die Geschäftsprozesse des Unternehmens komplett zu beschreiben und bei Bedarf zu optimieren. Erst danach ist es sinnvoll mit einem Implementierungsprojekt zu beginnen. ERP-Implementierungen sind grundsätzlich komplex, kostenintensiv und zeitaufwendig.

Ich vergleiche diese Implementierungen immer mit einer Operation an einem lebenden Organismus. Auf ein Unternehmen bezogen bedeutet dies, den Wechsel von einer alten Hard- und Softwarekonstellation, die bisher die Geschäftsprozesse unterstützt hat, auf eine komplett Neue und das Ganze während des laufenden Geschäftsbetriebs. Der Übergang von Alt auf Neu muss funktionieren. Zum Glück hat man, im Gegensatz zu einer medizinischen Operation, im Krisenfall noch weitere Versuche. Trotzdem gilt es, so ein Szenario mit allen Mitteln zu vermeiden. Nach Monaten intensiver Arbeit haben alle Beteiligten ein Anrecht auf das Erfolgsgefühl nach einem gelungenen Produktivstart, vor allem weil die Nerven erfahrungsgemäß über die Dauer des Projektes schon „ein wenig" beansprucht wurden.

Dieses kleine Büchlein soll dabei helfen das Nervenkostüm aller Projektbeteiligten durch eine realistische Einschätzung der bevorstehenden Aufgabe und eine daraus abgeleitete passende Planung, effektiv zu schonen.

Die folgende fiktive Geschichte schildert die Situation der Futura Hanse GmbH die, inspiriert von Begrifflichkeiten wie Digitalisierung, Industrie 4.0, agilen Methoden und ähnlichem, zu dem Ergebnis gekommen ist, dass eine moderne ERP-Software eingeführt werden muss, um adäquat für die Zukunft gerüstet zu sein.

Ich schildere hier die häufigsten Fallgruben einer solchen komplexen Entscheidung und deren Umsetzung auf anschauliche Weise, unterlegt mit über 25 Jahren Erfahrung in diesem Bereich, aus Unternehmenssicht, Beratersicht und der Sicht der Wirtschaftsprüfung.

Mein Ziel ist es, ihnen Hinweise zu geben, die helfen, das bevorstehende Abenteuer in einem einschätzbaren Rahmen zu halten.

Dabei ist zu beachten, dass gemeinsame erlebte Abenteuer alle Beteiligten zusammenschweißen, allerdings nur, wenn sie erfolgreich ausgehen. Deshalb und noch aus vielen anderen guten Gründen ist es lohnend, sich auf Abenteuer einzulassen. Die Einführung einer ERP-Software ist häufig ein Abenteuer, und das Gute ist, dass sie den Ausgang selber bestimmen können.

Alle Situationen, Handlungen und Personen sind natürlich von mir frei erfunden und können in der Realität zum Glück gar nicht vorkommen?!?

Ähnlichkeiten mit der Wirklichkeit wären also rein zufälliger Natur.

Ich wünsche ihnen bei der Lektüre viel Spaß und hoffe, dass ich Ihnen in dieser ernsthaften Welt das eine oder andere Schmunzeln entlocken kann, freue mich aber auch über ein nachdenkliches Stirnrunzeln.

2 Etwas Neues muss her …

2.1 Die Beweggründe

Die Futura Hanse GmbH ist ein gesundes mittelständisches Produktionsunternehmen, das bereits viele Jahre erfolgreich am Markt agiert. Die Geschäftsführung besteht aus Katrin Orga, die sich um alle internen Belange des Unternehmens kümmert und Harald Kaufmann, der für den Vertrieb zuständig ist.

In der letzten Zeit haben beide bemerkt, dass der Preiskampf in ihrem Zielmarkt zugenommen hat. Das gilt für die Einkaufseite ebenso wie für die Vertriebsseite.

Frau Orga und Herr Kaufmann haben die Futura Hanse GmbH vor zehn Jahren gemeinsam erworben und seitdem zu stetigem Wachstum geführt. In den letzten Jahren wurden im Rahmen der Expansion zwei weitere Unternehmen in Frankreich und England dazu gekauft. Seitdem ist allerdings nichts mehr wie früher.

Plötzlich scheinen alle Geschäftsabläufe langsamer und schwieriger zu werden. Die monatlichen Datenauswertungen, jetzt über drei Geschäftseinheiten, lassen sich quasi unmöglich zeitgerecht erstellen. Dies hat bereits zu kritischen Fragen seitens der Banken geführt. Überhaupt arbeiten die beiden Neuerwerbungen einfach genauso weiter wie vor dem Kauf. Rückfragen von Frau Orga werden nur schleppend und meistens lückenhaft beantwortet. Auch hierfür soll in der Zukunft eine Lösung gefunden werden. Es muss etwas unternommen werden, das steht für beide Geschäftsführer außer Frage.

Als verantwortungsbewusste Geschäftsführung besuchen die beiden, mehr oder weniger regelmäßig Unternehmertagungen, um auf dem neuesten Stand zu bleiben. Bei diesen Gelegenheiten wurden ihnen Themen wie Industrie 4.0, Digitalisierung, Internet of things (Iot), Cloud as a chance usw. vorgestellt.

Was sie hörten schien ihnen, soweit sie es verstanden haben, plausibel. Alarmierend war aber, dass jeder Vortrag mit der gleichen beunruhigenden Aussage endete:

„Wer sich diesen Themen in der nahen Zukunft nicht widmet, wird sich nicht mehr lange am Markt behaupten können. Oder anders ausgedrückt: „Wer nicht mit der Zeit geht, geht mit der Zeit.“

Lauschen wir mal einem Gespräch, das die beiden im Anschluss an eine solche Tagung bei einem Glas Wein geführt haben.

„Ich glaube, wir müssen etwas tun“, sagt Frau Orga nachdenklich.
„Unbedingt, sonst sind wir über kurz oder lang weg vom Fenster“, stimmt ihr Herr Kaufmann zu.
„Ja, aber was? Hast du das alles verstanden?“
„Bestenfalls zum Teil, aber ich habe keine Ahnung was das alles im Detail und speziell für unser Unternehmen heißt.“
„Das kann ich auch nicht richtig beurteilen. Ich bin aber auch nicht so IT affin.“
„Das geht mir genauso, trotzdem müssen wir mit der Zeit gehen“, nickt Herr Kaufmann zustimmend.
„Wir sollten mal ein Gespräch mit unserem IT-Leiter führen.“, schlägt Frau Orga vor.

Dem Vorschlag folgend findet kurz darauf ein Meeting zwischen der Geschäftsführung und dem IT-Verantwortlichen, Herrn Speicher, statt.

Herr Speicher hat Informatik studiert und bereits viele Jahre Berufserfahrung als IT-Leiter. Er hat von den meisten der angesprochenen

Themen mindestens eine grobe Vorstellung, allerdings eher hinsichtlich der technischen Umsetzung innerhalb der IT, als bezogen auf die betriebswirtschaftlichen Überlegungen. Trotzdem verlockt es ihn sehr, sich in diese Themen tiefer einzuarbeiten. Nach kurzer Analyse identifiziert er den ersten notwendigen Schritt in die Zukunft:

„Um überhaupt etwas in dieser Richtung in Angriff nehmen zu können, brauchen wir eine moderne ERP-Software", erklärt er den Geschäftsführern.
„Die alte Systemlandschaft ist mit solchen Anforderungen definitiv überfordert. Immer wieder gibt es Probleme mit der Systemperformance und die User müssen warten ehe das System reagiert. Außerdem könnten wir die Anzahl an Schnittstellen reduzieren, weil viele Funktionen, die wir derzeit in separaten Systemen ausführen, in einem modernen ERP-System zusammengeführt sind. Dadurch können wir diese Softwareinseln auflösen und sparen auch noch Lizenzkosten. Moderne ERP-Systeme sind bereits auf die angesprochenen Zukunftsthemen ausgerichtet und bieten damit eine ideale Plattform für deren Umsetzung", begründet er seine Aussage weiter.
Das leuchtet Frau Orga und Herrn Kaufmann ein und sie sind froh darüber, dass Herr Speicher den Ball so konstruktiv aufnimmt. Sie bitten ihn, sich um die Auswahl einer passenden ERP-Software zu kümmern.
Alle Beteiligten sind zufrieden. Die Geschäftsführer haben das Gefühl den richtigen Schritt in Richtung Zukunft des Unternehmens zu tun, und der IT-Leiter, fühlt sich durch seine neue Aufgabe aufgewertet und endlich einmal angemessen sichtbar.

So, oder so ähnlich entsteht in Unternehmen der Gedanke, dass eine neue ERP-Software implementiert werden muss. Natürlich gibt es noch viele andere Gründe für so eine Entscheidung, aber für unsere Zwecke sollen die vorliegenden erst einmal ausreichen.

2.2 Und was soll an diesem Vorgehen falsch sein?

Die Geschäftsführer informieren sich über neue Trends, die die Kunden, die Zulieferer und die Märkte gravierend beeinflussen, um die Zukunft des eigenen Unternehmens abzusichern. Sie erkennen, dass all diese Trends in engem Zusammenhang mit der IT stehen und geben deshalb ihrem IT-Leiter den Auftrag, sich darum zu kümmern. Das klingt alles logisch und richtig. Tatsächlich ist daran auch nichts falsch. Es reicht nur bei weitem nicht aus.

Zunächst ist es wichtig zu realisieren, dass die IT-Abteilung des Unternehmens nur die technische Plattform für die Geschäftsprozesse des Unternehmens bereitstellt. IT hat keinen Selbstzweck, vielmehr dienen alle Aktivitäten der IT dazu, den reibungslosen Ablauf der Geschäftsprozesse in den einzelnen Fachabteilungen (zum Beispiel Einkauf, Verkauf, Buchhaltung, Lagerwirtschaft, Produktion, etc.) zu gewährleisten. Sie erledigt übergeordnete Aufgaben, die keiner einzelnen Fachabteilung zugeordnet werden können. Dazu gehört der Betrieb und die Administration der IT-Infrastruktur und der Softwaresysteme, die zentrale Datensicherung, der Betrieb von Firewalls, die laufende Überwachung der Systembelastung und so weiter. Alle diese „hoheitlichen" Aufgaben dienen den Fachabteilungen und generieren eine sichere und stabile Arbeitsumgebung. Auch die Verbesserung von Antwortzeiten, die Überwachung der internen Verarbeitungsgeschwindigkeit und das zur Verfügung stellen von ausreichender Speicherkapazität gehört zu den klassischen Aufgaben einer internen IT-Abteilung. Heutzutage werden diese Aufgaben durch den zunehmenden Einsatz von Cloud Computing größtenteils auf externe Dienstleister verlagert. Die interne IT-Abteilung übernimmt dabei die Aufgabe, die Einhaltung der mit dem Cloud-Dienstleister vereinbarten Leistungsparameter (Key-Performance-Indikator, KPI) sicherzustellen. Mittels definierter KPIs wird kontrolliert, ob der externe Dienstleister seine zugesagten Leistungen auch tatsächlich erbringt.

Diese Beschreibung soll deutlich machen, weshalb die Idee der Geschäftsführung, Herrn Speicher frühzeitig einzubinden grundsätzlich richtig ist. Bezogen auf die o.g. Themen aber absolut nicht ausreicht, weil nahezu alle Abteilungen und Mitarbeiter von den notwendigen Änderungen betroffen sein werden.

Genauso wenig wie das Thema der Euroumstellung nur die Buchhaltung betraf, sind Themen wie Digitalisierung, Industrie 4.0 usw. auch keine reinen IT-Themen. Diese Themen müssen interdisziplinär behandelt werden, um den für das Unternehmen optimalen Umsetzungspfad zu ermitteln. Dazu müssen Vertreter aller Fachabteilungen inclusive der Geschäftsführung zusammenkommen und besprechen, welche Unternehmensprozesse gut funktionieren, welche schlecht laufen und/oder Zeitfresser sind.

Um langfristig erfolgreich zu sein, benötigt ein Unternehmen eine strategische Unternehmensplanung über fünf oder mehr Jahre. Diese Planung wird auf Ebene der Geschäftsführung entwickelt und aus dieser Planung leiten sich auch Anforderungen an eine ERP-Software ab. Damit wir nicht zu abstrakt werden gebe ich ihnen ein Beispiel:

Sie möchten in den nächsten 5 Jahren um 35 % wachsen. Außerdem möchten sie in diesem Zeitrahmen den englischen und französischen Markt erschließen. Das sind zwei große Ziele.

Was hat das nun mit der ERP-Software zu tun?

Gehen wir in diesem Beispiel davon aus, dass sie derzeit nur ein Unternehmen in Deutschland betreiben. Die Umsatzausweitung um 35 % könnte durch Intensivierung ihrer Kundenbetreuung erfolgen. Dabei könnte ihnen ein CRM-Modul helfen. CRM steht für Customer Relation Management (Kundenbeziehungsmanagement) und unterstützt ihre Bestandskundenpflege und ihr Neukundengeschäft.

Es hilft ihnen dabei Kundenbeziehungen systematisch aufzubauen und langfristig zu erhalten.

Fazit, es wäre sinnvoll, wenn ihre zukünftige ERP-Software ein CRM Modul beinhalten würde.

Der Ausbau ihrer Geschäfte in England und Frankreich kann durch Unternehmensneugründungen oder strategische Unternehmenskäufe erfolgen.

Fazit: Es wäre sinnvoll, wenn ihre ERP-Software verschiedene rechtliche Einheiten (Unternehmen) in unterschiedlichen Ländern abbilden könnte. Klug wäre es auch, wenn diese rechtlichen Einheiten auf gemeinsame Kunden-, Lieferanten und Artikeldaten zurückgreifen könnten, die dann zentral gepflegt werden können.

Ergänzend eröffnet sich die Fragestellung, ob ihr deutsches Unternehmen als Muttergesellschaft fungieren soll, oder ob die deutsche Gesellschaft gleichberechtigt mit den Auslandsgesellschaften unter einer Holding geführt werden soll.

Solche Aspekte und noch viele weitere, die sich aus der Unternehmensstrategie ableiten, sollten bei der Auswahl einer zukünftigen ERP-Software eine Rolle spielen. Diesen Input bekommen sie aber nicht aus ihren Fachabteilungen, diesen Input müssen sie als Geschäftsführung selber liefern.

Alle gemeinsam zusammengetragenen Aspekte lassen ein Gesamtbild entstehen, aus dem die Anforderungen an eine neue ERP-Software abgeleitet werden muss, um nicht Millionenbeträge fehl zu investieren.

Unsere Futura Hanse GmbH hat diesen Weg so leider nicht beschritten.

Mal sehen, was als nächstes passiert.

2.3 … große Schatten voraus

Als der IT-Leiter, Herr Speicher, den Besprechungsraum verlässt, fühlt er sich einerseits beschwingt, ist aber andererseits auch skeptisch. Beschwingt, weil die Geschäftsführung ihm eine derart wichtige Aufgabe übertragen hat und skeptisch, weil er noch gar nicht einschätzen kann, was da auf ihn zukommt.

Ob er vielleicht schon ahnt, dass er diese Nuss nicht alleine knacken kann?
Zum Glück hat er ja aufgeweckte Mitarbeiter, die ihm zur Seite stehen können.

In seinem Büro angekommen bittet er seinen besten Mitarbeiter Tom Draht zum Gespräch.
„Moin Tom, ich komme gerade von der Geschäftsführung und die wollen, dass wir uns um die Themen Digitalisierung, Industrie 4.0 usw. kümmern. Was meinst Du dazu?"
Tom ist noch jung und allem Neuen gegenüber aufgeschlossen. Deshalb freut er sich auf die Herausforderung.
„Das klingt klasse. Und was machen wir jetzt?"
„Mit unserem derzeitigen Softwarezoo können wir diese Themen nicht bewegen. Deshalb habe ich vorgeschlagen, als erstes eine neue ERP-Software einzuführen, die dann das Rückgrat für diese neuen Themen bilden soll."
Tom freut sich, weil er dadurch sein Know-how erweitern kann und gleichzeitig in einem Unternehmen arbeitet, dass auf dem neuesten Stand bleiben will. Das gibt ihm das Gefühl, einen attraktiven Arbeitgeber gewählt zu haben.
„Und an welche Software hast du gedacht?"
„Gute Frage. Sie muss sich für den Mittelstand eignen und technisch modern sein. Ich recherchiere mal ein bisschen im Internet.

Tom, du hilfst ja den Fachabteilungen immer, wenn die irgendwo Probleme haben. Schreib doch mal auf, was die so brauchen."
„Ok, das mache ich in Excel. Ich habe da schon eine Idee", erklärt Tom motiviert und geht an die Arbeit.

Dadurch, dass die IT-Abteilung die Fachabteilungen unterstützt, haben die IT-Mitarbeiter zum Teil recht umfassende Kenntnisse über die Geschäftsabläufe in den einzelnen Fachabteilungen. Trotzdem reichen diese Kenntnisse in der Regel nicht aus, um einen Kriterienkatalog für eine Softwareauswahl aufzubauen. Wenn Tom Draht auf Basis seiner Kenntnisse, die Geschäftsabläufe in den einzelnen Fachabteilungen beschreibt, ist das vergleichbar mit einem Einsiedler, der im Wald lebt und aus seiner Sicht eine Großstadt beschreibt. Das Ergebnis ist sicherlich interessant, hat aber mit der Realität nur wenig gemeinsam. Außerdem kennt Tom die Veränderungen und Besonderheiten der einzelnen Fachabteilungen nicht ausreichend.

Eine gute Idee ist es aber, dass Tom ein Template entwickelt, in das jede Fachabteilung ihre Geschäftsabläufe eintragen kann. Damit wird eine einheitliche Qualität der Beschreibung sichergestellt, so dass am Ende leicht zu erkennen ist, wie sich die Abläufe je nach dem Wertefluss im Unternehmen aneinanderreihen.

2.4 … muss man das wirklich so kompliziert angehen?

Na ja, sehen wir uns doch einmal einen vermeintlich einfachen Geschäftsprozess an.

Als Beispiel nehmen wir einen Materialbeschaffungsprozess. Dieser scheinbar einfache Einkaufsprozess ist bereits ein Wechselspiel zwischen vier Abteilungen und muss gut abgestimmt laufen, weil die Produktion ansonsten mangels Rohstoffes auf einmal stillsteht und das Unternehmen nicht mehr lieferfähig ist.

Hätten sie ad hoc vermutet, dass in den Ablauf dieses Prozesses am Ende mindestens vier Abteilungen involviert sind? Es handelt sich um die Abteilungen Produktion, Einkauf, Lagerlogistik und Finanzbuchhaltung.

Wir werden dieses Beispiel später noch im Detail betrachten.

Normalerweise wird dieser Prozess in ihrem ERP-Software von der Bedarfsmeldung bis zur abschließenden Bezahlung unter Berücksichtigung von Rabatten und Skonti vollständig automatisiert ablaufen. Zuvor ist es allerdings erforderlich jeden einzelnen Schritt des Ablaufes inklusive der notwendigen Buchungen zu definieren.

In vielen Unternehmen nehmen die einzelnen Abteilungen nur den Teil eines Geschäftsprozesses wahr, der in ihrer Abteilung abläuft. Dabei handelt es sich in der Regel nur um einen Teilprozess eines komplexeren Gesamtprozesses.

Diese Sichtweise reicht für die Einführung einer modernen ERP-Software nicht mehr aus.

Erstens kann so ein Einkaufsprozess zum Beispiel durch vorgeschaltete Bestellanforderungen, Rahmenverträge, Staffelrabatte etc. noch wesentlich komplexer sein und zweitens müssen Themen wie Zugriffsschutz (Berechtigungskonzept: Wer darf eigentlich was?) und internes Kontrollsystem (Darf eigentlich jeder alles einkaufen lassen, egal bei wem und zu welchem Preis?) berücksichtigt und implementiert werden.

All das ist natürlich kein Hexenwerk und lässt sich zum Glück in einer modernen ERP-Software durchaus abbilden. Aber das erzeugt zunächst viel Arbeit, erfordert ein gutes gemeinsames Verständnis der Geschäftsprozesse und Werteflüsse im Unternehmen und vor allem grundsätzlich eine abteilungsübergreifende Sichtweise.

Jetzt werden Sie sagen: „Das ist doch super. Genau das möchte ich erreichen."

Und sie haben Recht.

Aber nicht jeder Abteilungsleiter lässt sich gern in die Karten schauen. Außerdem werden Aufgaben aus logischen Gründen zum Teil in andere Abteilungen verlagert. Grundsätzlich werden die Aufgaben innerhalb einer ERP-Software dorthin geleitet, wo sie am qualifiziertesten bearbeiten werden können. Das kann allerdings dazu führen, dass Abteilungen Aufgaben verlieren und andere Abteilungen Aufgaben hinzubekommen.

Diesen Vorgang sehen manche Abteilungsleiter als Machtverlust, der unter Umständen die Angst erzeugt, an Wichtigkeit und Einfluss zu verlieren.

Ängste verursachen Widerstände und Widerstände verhindern oftmals gute Lösungen für das Unternehmen.

Speziell die sprichwörtliche „Person für alles", sollte nach einer sorgfältigen Implementierung der Geschäftsprozesse nicht länger benötigt werden.

Das wird ihr nicht gefallen.

2.5 … und was ist jetzt zu tun?

Als Geschäftsführung muss man so ein Projekt von der ersten Minute an aktiv unterstützen.

Warum? Die Zeit der Geschäftsführung ist schließlich teuer und knapp bemessen. Außerdem hat man dafür doch eine Projektleitung und eine erste Führungsebene, die durch die Abteilungsleiter besetzt ist. Das sollte doch wohl ausreichen.

Als Autor dieses Büchleins weiß ich natürlich nicht wie groß ihr

Unternehmen ist und kann ihnen deshalb kein valides Zahlenbeispiel für die Kosten eines ERP-Implementierungsprojektes liefern.
Aber ich gebe ihnen ein paar Anhaltspunkte für Kosten, die sie berücksichtigen müssen.

Sie wollen eine neue ERP-Software einführen. Früher lautete die Regel, dass ein Drittel der Gesamtkosten auf die Lizenzen und zwei Drittel auf das externe Consulting entfallen. Hinzu kommen Kosten für die Hardware und die Administration der Server, sowie die Kosten für den Einsatz ihres eigenen Personals.

In Zeiten der Cloudtechnologie mieten sie komplette Arbeitsplätze inklusive Technologie und Administration auf Basis einer Jahresgebühr. Trotzdem entstehen die Consultingkosten und die Kosten für ihr eigenes Personal.

Die Kosten teilen sich bei der Nutzung von Cloud-Services anders auf, aber wirklich günstig sind auch diese Lösungen nicht. Sie haben allerdings andere Vorteile, auf die ich später noch eingehen werde.

Im Normalfall erzeugt ein ERP-Projekt Kosten in Millionenhöhe. Die genaue Höhe hängt von der Größe und dem Komplexitätsgrad ihres Unternehmens ab und beides kennen sie besser als ich.

Weiter vorn in diesem Buch sind wir auf unternehmensstrategische Aspekte eingegangen, die ihre Mitwirkung als Unternehmensführung notwendig machen. Jetzt gebe ich ihnen ein operatives Beispiel dafür, warum sie als Geschäftsführung das Projekt eng begleiten sollten.

Sie haben auf Geschäftsführungsebene beschlossen, eine Millionen Euro in eine neue Maschine zu investieren. Würden sie die Abwicklung einer solchen Investition ohne Weiteres einem Projektleiter oder allein der nächsten Führungsebene überlassen? Würden sie sich nicht davon überzeugen, dass alles zu ihrer Zufriedenheit läuft und die Maschine ihre Erwartungen, z.B. Bearbeitungsgeschwindigkeit, Produktqualität, Ausschussquote, Energieverbrauch, etc., erfüllt?

Dabei kann der Fehlkauf einer Maschine durch Weiterverkauf oder wenigstens durch teilweise Nutzbarkeit kompensiert werden.

Ein gescheitertes ERP-Projekt hat ein wesentlich höheres Schadenspotenzial. Es kostet Millionen, es frustriert die Mitarbeiter und bei einem Misserfolg bleibt nicht viel Nutzbares über. Die Chance das investierte Kapital zurück zu erhalten beschränkt sich erfahrungsgemäß auf bestenfalls die Hälfte der angefallenen externen Kosten.

Außerdem stehen sie nach schätzungsweise zwei Jahren Arbeit und Ärger ohne eine neue Software da. Zwei Jahre Zeitverlust in der heutigen Zeit, kein Ergebnis, dafür hohe Investitionsverluste sind ein gefährliches Szenario, über das Geschäftsführer auch schon zu Fall gekommen sind.

Als Geschäftsführer müssen sie sich mit Risikomanagement auskennen und genau aus diesem Grunde ist es notwendig, dass sie sich in das ERP-Implementierungsprojekt einbringen, um die oben genannten Risiken zu vermeiden.

Das heißt natürlich nicht, dass sie jetzt ständig operativ tätig werden müssen, denn dafür haben sie ja tatsächlich den Projektleiter und weiteres Personal. Aber sie müssen Strukturen schaffen, die es ihnen erlauben kurzfristig notwendige Entscheidungen zu treffen, den Arbeitsfortschritt zu verfolgen und den Ressourcenverbrauch zu kontrollieren. Schwören sie die Projektleitung, die Abteilungsleiter und die Key User auf sich ein und stehen sie ihnen bereitwillig zur Seite. Dann werden sie das beste Ergebnis erzielen.

Die Einführung einer neuen ERP-Software benötigt in der Regel wenigstens ein Jahr und stellt eine starke zusätzliche Belastung für alle Mitarbeiter des Unternehmens dar.

Nehmen sie sich die Zeit und wertschätzen sie den Einsatz ihrer Mitarbeiter, dann sind sie bereits auf Erfolgskurs.

Übrigens, das gemeinsame Erarbeiten von Vorgehensmodellen, Werteflüssen und Prozessabläufen führt zu enormen Lerneffekten zwischen den einzelnen Abteilungen und zu hoher Akzeptanz der erarbeiteten Lösungen. Gleichzeitig vermindert es Ängste und damit die Änderungswiderstände. Dieses Vorgehen ist essentiell für eine erfolgreiche Implementierung und deshalb können sie sich jetzt schon auf diese Erfolge freuen.

Während der Implementierung des ERP-Systems werden durch ihre Mitarbeiter und die eingebundenen Berater die Geschäftsprozesse definiert, mit denen ihr Unternehmen schätzungsweise die nächsten sieben Jahre arbeiten wird. Je besser diese Abläufe definiert wurden, desto wirtschaftlicher arbeitet ihr Unternehmen. Leider sind schlechte Abläufe genauso langlebig und belasten ihr Unternehmen und ihre Mitarbeiter langfristig. Deshalb muss ein besonderes Augenmerk auf der Definition der Geschäftsprozesse liegen.

Sehen wir uns einmal an, was sich gerade bei der Futura Hanse GmbH tut.

3 Softwareauswahlprozess

3.1 „Wünsch Dir was„ gemeinsam mit der Geschäftsführung

Unser IT-Leiter Herr Speicher trifft sich wieder mit seiner Geschäftsführung, um sein Vorgehen zu erläutern. Frau Orga und Herr Kaufmann sind gespannt, wie Herr Speicher ihnen in Sachen Zukunft weiterhelfen will.

„Mein Mitarbeiter, Herr Draht, arbeitet jetzt einen Anforderungskatalog aus, als Basis für einen Softwareselektionsprozess", erklärt Herr Speicher der Geschäftsführung.
„Ok, das ganze darf aber nicht zu teuer werden und soll möglichst schnell über die Bühne gehen", wirft Frau Orga ein.
„Mir ist wichtig, dass wir das Alltagsgeschäft, vor allem aber meinen Vertriebsbereich, soweit es geht in Ruhe lassen. Wir können uns einen Einbruch in den Absatzzahlen nicht leisten", ergänzt Herr Kaufmann.
„Wenn wir schon eine neue Software einführen, ist es mir wichtig, dass wir die Themen Dokumentenmanagement, Vertragsmanagement und übergreifendes Unternehmensreporting inklusive Konsolidierung gleich mit erledigen. Dann lohnt sich der ganze Aufwand wenigstens", legt Frau Orga nach.
„Außerdem ist es wichtig, dem Außendienst die Möglichkeit zu geben, zur Vorbereitung von Kundenbesuchen auf bestimmte Daten, wie Kundenumsatz, vereinbarte Konditionen und offene Posten zurückzugreifen. Ich habe gehört, dass es Systeme gibt, die das Customer-Relationship-Management (CRM) unterstützen. Zum Beispiel kann der Außendienst noch von unterwegs oder spätestens im Home-Office die Ergebnisse der Kundenbesuche dokumentieren. Dadurch können wir unsere Kunden individuell ansprechen, geziel-

te Marketingaktionen durchführen, haben die Informationen wann und wer zuletzt Kontakt mit den Kunden hatte, was der Kunde gekauft hat, welche Konditionen vereinbart wurden usw. Wegen unserer Tochtergesellschaften im Ausland soll das auch länderübergreifend möglich sein, damit ich den Überblick behalte", ergänzt Herr Kaufmann.

Herr Speicher notiert sich die einzelnen Punkte sorgfältig. Die angesprochenen Themen sind ihm nicht unbekannt und scheinen ihm auch nicht übertrieben zu sein.

„Das ist mit der richtigen ERP-Software alles realisierbar", erklärt er deshalb zuversichtlich.

„Dann suchen sie uns bitte eine passende ERP-Software aus. Aber denken sie dabei bitte an die Kosten", mahnt Frau Orga.

„So ein Projekt wird nicht billig und dauert auch seine Zeit", entgegnet Herr Speicher.

„Dann sollten wir so viel wie möglich selber machen und uns nicht zu lange mit der Softwareauswahl aufhalten", befindet Frau Orga.

„Je früher wir anfangen, desto eher ist es geschafft", fügt Herr Kaufmann hinzu.

Damit ist das Meeting beendet und beide Geschäftsführer haben ein gutes Gefühl bei der Sache. Konnten sie doch ihre wichtigsten Anliegen adressieren. Herr Speicher würde sich um die Realisierung kümmern.

Als sie wieder allein sind sagt Herr Kaufmann:

„Manchmal ist es doch schön Geschäftsführer zu sein und Aufgaben delegieren zu können."

„Ja, vor allem, wenn es um Themen geht, bei denen man sich selber nicht so gut auskennt. In jedem Fall machen wir jetzt den richtigen Schritt in Richtung Zukunft", erwidert Frau Orga.

Soweit der Trugschluss.

3.2 ... wenn es mehr nicht ist ...

Je mehr Herr Seicher über das Gespräch mit der Geschäftsführung nachdenkt, desto mehr wird seine Anfangseuphorie von einem leichten Störgefühl verdrängt und das aus gutem Grund. Einerseits kann er sich nun vor der Geschäftsführung profilieren, andererseits wird ihm aber zunehmend klar, welchen Komplexitätsgrad die ihm übertragene Aufgabe hat.

„Wir haben eine riesige Aufgabe vor uns. Da müssen alle IT-Kollegen mit anpacken. Ich glaube, dass der Geschäftsführung gar nicht klar ist, welche Auswirkungen so ein Projekt auf das Unternehmen hat", erklärt er Tom Draht später in seinem Büro.
„Dann sollten sie es der Geschäftsführung deutlich machen", erwiderte Tom leichthin.
„Erstens kann ich das selber auch noch nicht einschätzen und zweitens möchte ich uns die Chance nicht nehmen, endlich einmal die Bedeutung der IT-Abteilung ins rechte Licht zu rücken", kontert Herr Speicher.
„Das klappt aber nur, wenn das Projekt auch erfolgreich abgeschlossen wird."
Herrn Speicher wird zunehmend nachdenklicher.
„Tom, du musst noch ein paar Punkte mit auf deine Liste nehmen."
Er diktiert Tom die Punkte aus dem Gespräch mit der Geschäftsführung.
„Wie weit bist du mit dem Anforderungskatalog?", fragt er anschließend.
„Ich habe aufgeschrieben, was mir pro Abteilung eingefallen ist. Das wollte ich anschließend mit den Abteilungen abstimmen, aber da hat es teilweise Probleme gegeben."
„Was für Probleme?"

„Die Kollegen hatten kaum Zeit für mich und deshalb darum gebeten, dass ich das Thema direkt mit ihren Abteilungsleitern bespreche."

Herr Speicher stöhnt. Er kennt das Thema schon aus der Vergangenheit. Weil die Personaldecke in allen Abteilungen dünn gehalten wird, schützen die Abteilungsleiter ihre Mitarbeiter vor jeglicher Mehrarbeit. Einerseits verständlich, andererseits aber weder hilfreich noch akzeptabel.

Stirnrunzelnd hebt er den Telefonhörer ab und ruft Frau Orga an:

„Wir müssten unsere Auswahlkriterien mit den einzelnen Abteilungen abstimmen, werden aber wegen der vielen Arbeit dort vertröstet und nicht ausreichend unterstützt. Wie sollen wir vorgehen?"

Auch Frau Orga kennt die Diskussionen mit den Abteilungsleitern, wenn es um Mehrleistungen geht und möchte in der Anfangsphase möglichst wenig Staub aufwirbeln.

„Können wir für die erste grobe Selektion nicht ohne die Abteilungen auskommen, Herr Speicher? Sie und ihre Kollegen kennen sich doch sehr gut aus. Das müsste doch für den Anfang ausreichen, oder?"

Ganz wohl ist Herrn Speicher bei diesem Gedanken nicht, aber er fühlt sich doch geschmeichelt.

„Wir können den Kriterienkatalog fertigstellen, aber wenn die Softwareanbieter zu uns kommen, brauchen wir Mitarbeiter aus den Abteilungen, die bewerten können, was uns gezeigt wird",
wendet er ein.

„Ok, bis dahin habe ich mit den Abteilungsleitern gesprochen",
verspricht Frau Orga.

Herr Speicher fühlt sich gleich besser, weil die Verantwortung jetzt wieder bei der Geschäftsführung liegt. Frau Orga setzt den Punkt „Softwareselektion" auf die Agenda des nächsten Abteilungsleitermeetings.

3.3 Gibt es etwas, das man besser machen kann?

Besser geht fast immer. Schon bei der Planung eines ERP-Projektes muss man die Abteilungsleiter mit ins Boot holen. Genauso wie die Geschäftsführung es getan haben sollte, ist es ebenfalls notwendig, dass die einzelnen Abteilungsleiter ihre Anforderungen an eine neue ERP-Software definieren. Hierbei sollte dokumentiert werden, welche Abläufe derzeit sehr gut funktionieren, welche Arbeiten nur unter hohem Aufwand und ggf. sehr fehleranfällig laufen, aber auch welche weiteren Funktionen zur Unterstützung der täglichen Arbeit noch wünschenswert wären.

Gehen sie dabei bitte von ihren Idealvorstellungen aus. Abstriche machen kann oder muss man später unter Umständen ohnehin noch. Allen Beteiligten muss transparent sein, dass die neue Software eine große Chance für Verbesserungen ist.

Aber wie das so mit Chancen ist, wenn man sie nicht ergreift, nützen sie einem nichts.

Tom Draht hat mit viel Aufwand einen Anforderungskatalog für den Softwareauswahlprozess erstellt. Trotz aller Mühe wird die Futura Hanse GmbH damit nur ein sub-optimales Ergebnis erzielen, weil die Einbindung der einzelnen Abteilungen fehlte. Basis für die Softwareauswahl sollte grundsätzlich ein Lastenheft sein, das vom Unternehmen ausgearbeitet und dem Softwareanbieter zur Verfügung gestellt wird.

Das Lastenheft fasst alle Anforderungen des Unternehmens an die neue Software zusammen und dient dem Anbieter als Basis

Und sagen Sie an dieser Stelle bitte auf keinen Fall: "Für andere, größere, komplexere oder was auch immer für Unternehmen ist das sicherlich sinnvoll, aber für uns ist das doch überzogen."

Das Lastenheft und die Gedanken, die darin stecken bilden das Fundament für den „Neubau" ihrer ERP-Software.

Im weiteren Verlauf erstellt das Beratungshaus daraus ein Pflichtenheft, das genau beschreibt, wie die im Lastenheft definierten Anforderungen umgesetzt werden sollen. Bereits zur Erstellung des Lastenheftes müssen die einzelnen Abteilungen zusammensitzen, um die für das Unternehmen wesentlichen Geschäftsprozesse lückenlos zu erfassen. Als „wesentlich" werden Geschäftsprozesse bezeichnet, ohne die das Unternehmen nicht arbeitsfähig wäre. Sehr selten auftretende Prozesse von geringer Bedeutung müssen dabei noch nicht zwingend berücksichtigt werden. Im Gegenteil, bei diesem Vorgehen besteht die Chance, Prozesse, die oft mehr Aufwand erzeugen, als sie an Ertrag generieren zu hinterfragen und im besten Falle zu eliminieren. Der Erstellungsaufwand für ein Lastenheft ist arbeitsintensiv und genau deshalb scheuen viele Unternehmen davor zurück.

Bei einem Hausbau würden sie sicher auf keinen Fall ausgerechnet am Fundament sparen und dadurch das ganze Bauprojekt gefährden. Die schlechte Nachricht lautet: Wenn sie ohne ein gutes Lastenheft arbeiten, gefährden sie das Fundament ihrer zukünftigen ERP-Software.

Die gute Nachricht lautet: Die Erstellung eines Lastenhefts lohnt sich in mehrfacher Hinsicht. Sie schaffen Transparenz über ihre wesentlichen Geschäftsprozesse und Sie entdecken Prozesse, die für ihr Unternehmen nicht förderlich sind Die Abteilungen lernen sich schon im Vorfeld des Projektes gegenseitig besser kennen und trainieren dabei die zukünftig notwendige Zusammenarbeit. Bereits bei diesem Vorgang besteht die Möglichkeit Optimierungspotential zu entdecken. Weil sie sich Transparenz über ihre Geschäftsprozesse erarbeitet haben, können sie leichter beurteilen, wie gut eine neue ERP-Software ihre Prozesse tatsächlich abbilden kann.

Die Prozesse, die sie im Vorfeld der Softwareselektion beschreiben, sind dann auch automatisch ihre späteren Testfälle. Wenn diese Prozesse in ihrer neuen ERP-Software fehlerlos ablaufen gibt ihnen das die Gewissheit, dass sie mit minimalem Risiko vom alten auf das neue System umstellen können.

Hoffentlich konnte ich ihnen verdeutlichen, warum dieser Anfangsaufwand sehr wichtig ist und sich wirklich lohnt.

Übrigens, nicht wenige Unternehmen engagieren im Vorfeld eines ERP Implementierungsprojektes eine Unternehmensberatung, um ihre internen Abläufe analysieren und ggf. optimieren zu lassen.

Das ist nämlich nicht die Aufgabe eines ERP-Beratungsunternehmens!

Trotzdem wird ihnen ihr ERP-Berater aus seiner Erfahrung heraus nützliche Hinweise geben können.

Ich empfehle ihnen, dass vom ERP-Beratungsunternehmen aus dem Lastenheft abgeleitete Pflichtenheft, zu einen wesentlichen Vertragsbestandteil zu machen.

Das ermöglicht es ihnen später, die Leistungserbringung ihres Dienstleisters zu kontrollieren und zu beurteilen. Fehlen im Vertrag entsprechend detailliert Vorgaben und Vereinbarungen entsteht daraus im Krisenfall sehr schnell ein Problem.

Im Softwareselektionsprozess dient das Lastenheft den Beratungsunternehmen als Vorlage für deren Präsentation. Ihre eigenen Mitarbeiter nutzen das Lastenheft, für die Beurteilung, wie gut die jeweilige Software die definierten Anforderungen abdeckt.

Dieser Beurteilungsprozess kann nur durch erfahrene Mitarbeiter durchgeführt werden. Um zu gewährleisten, dass die Beurteilungen vergleichbar sind, sollten nach Möglichkeit immer dieselben Mitarbeiter an den Präsentationsterminen teilnehmen. Die Beratungsunternehmen müssen alle dasselbe Lastenheft als Basis für ihre

Präsentationen nutzen, um auch hier wieder eine Vergleichbarkeit zu gewährleisten.

Die Kriterien für die Bewertung der präsentierten Geschäftsprozesse legen sie mit ihren Mitarbeitern bereits im Vorfeld fest.

Derzeit und auch in Zukunft werden viele Veranstaltung „Remote" durchgeführt und gerade für solche Veranstaltungen ist eine gute Vorbereitung elementar. Ein gutes Lastenheft, erfahrene Mitarbeiter und ein Kriterienkatalog für die Beurteilung der gezeigten Inhalte sind eine passende Vorbereitung, die auch Remote zu tragfähigen Ergebnissen führt.

Im Gegensatz zu früheren Zeiten bieten immer mehr Beratungshäuser im Vorfeld einer ERP Implementierung eine Vorstudie an. Die Vorstudie findet noch vor dem eigentlichen Vertragsabschluss statt. Ziel der Vorstudie ist es, die Prozesse ihres Unternehmens und eventuell vorhandene Besonderheiten zu analysieren. Durchgeführt wird die Vorstudie von erfahrenen Beratern in Kombination mit erfahrenen Mitarbeitern ihres Unternehmens. Auch für die Vorstudie ist das Lastenheft sinnvoll und hilfreich. Es dient als roter Faden und liefert dadurch die Basis für schnelle und hochwertige Ergebnisse.

Diese Ergebnisse werden durch das Beratungshaus dokumentiert. Die Dokumentation beinhaltet die Beschreibung aller wesentlichen Geschäftsprozesse und Besonderheiten des Unternehmens und berücksichtigt darüber hinaus auch alle Punkte aus dem Lastenheft. Die Vorstudie führt zu einer wesentlich klareren Einschätzung der Implementierungsaufwände, erhöht den Nutzungsgrad der Software, so dass der Return on Investment früher eintritt, und verringert das Risiko unliebsamer finanzieller Überraschungen, weil unter Umständen im Vorfeld wesentliche Themen übersehen oder falsch eingeschätzt wurden.

Die entstandene Dokumentation muss anschließend natürlich Bestandteil des Beratungsvertrages werden.

Sehen wir uns mal an, was die Futura Hanse GmbH als nächstes macht.

3.4 ... weiter mit der Softwareselektion

Frau Orga hat beim anberaumten Abteilungsleitermeeting eingefordert, dass die einzelnen Abteilungen den Anforderungskatalog, den Tom Draht erstellt hat, durcharbeiten und ggf. ergänzen.

Eine Woche danach lautet das Feedback aus den Abteilungen: „Das passt schon so, in etwa."

Daraufhin hat Herr Speicher den Anforderungskatalog an die in Frage kommenden Beratungsunternehmen weitergeleitet und Präsentationstermine mit ihnen vereinbart.
Zu den vier Terminen hat er die Geschäftsführung und die Abteilungsleiter eingeladen.

Folgende Abteilungen sind bei der Futura Hanse GmbH betroffen: Einkauf, Vertrieb, Produktion, Buchhaltung, Controlling, Logistik, IT und Geschäftsführung.
Im Normalfall sind die einzelnen Abteilungen durch ein bis zwei Personen vertreten. Der Dienstleister wird mit drei eher vier Personen erscheinen, so dass man leicht auf 16 bis 20 Personen pro Meeting kommen kann. Ist so ein Meeting entsprechend vorbereitet, dauert es im Allgemeinen einen ganzen Tag.

Das bedeutet für unsere Futura Hanse GmbH eine Investition von mindestens 32 Personentagen (acht Bereiche mit mindestens jeweils einer Person) allein für die Anbieterpräsentationen.

Schon in diesem Stadium des Projektes ist erkennbar, warum ein ERP-Projekt sehr zeitaufwändig und teuer ist. Aber wer jetzt an der ersten Vorbereitung spart, wird es später teuer bezahlen.

Unsere Futura Hanse GmbH hat leider gespart und kein detailliertes Lastenheft, sondern nur einen Anforderungskatalog erstellt. Dieser wurde auch noch federführend durch die IT-Abteilung erarbeitet und anschließend nur rudimentär durch die einzelnen Fachabteilungen kontrolliert und ergänzt. Dadurch konnten sich die einzelnen Beratungsunternehmen nicht ideal auf die Präsentationstermine vorbereiten.

Erkennen sie, wie sich schon in dieser Phase die Qualitätsspirale in die falsche Richtung dreht?

Aber lesen wir, wie es weiter geht.

Meetings werden ja gern in die sogenannten Randzeiten gelegt und deshalb hat Herr Speicher jeweils einen Freitag als Präsentationstermin gewählt.
Am ersten Freitagstermin füllt sich der Meetingraum gegen 9.00 Uhr langsam mit den Teilnehmern.

Zuerst erscheint Herr Spar, der Leiter der Buchhaltung und Frau Zahlreich, seine erfahrenste Mitarbeiterin. Gleich danach trifft die Produktion vertreten durch die Leiterin Frau Baubar und ihren Produktionsplaner Herrn Machbar ein. Wenig später sind alle Ab-

teilungen vertreten. Aus der Logistik Herr Vorrat und Herr Stock, vom Vertrieb Herr Habich und Herr Schickich und vom Einkauf Herr Brauch und Frau Such.

Herr Speicher ist etwas irritiert, weil Herr Such erst im zweiten Lehrjahr zum Industriekaufmann ist, aber Herr Brauch erklärt ihm:

„Die jungen Leute sind doch heute schon früh sehr versiert im Umgang mit IT und ich kann in der Abteilung heute niemand anderen entbehren."

Dann treffen auch die Teilnehmer des Beratungsunternehmens ein, das wir der Einfachheit halber Anbieter 1 nennen.

Zum Schluss erscheinen Frau Orga und Herr Klarsicht vom Controlling. Herr Kaufmann lässt sich wegen eines wichtigen Kundentermins entschuldigen.

Nach den üblichen Begrüßungen beginnt Anbieter 1 mit seiner Firmenpräsentation. Die ersten Abteilungsleiter schreiben bereits verstohlen ein paar Mails, als es endlich mit der Produktpräsentation weitergeht.

Nach zwei Stunden intensiver Produktpräsentation sind fast alle Teilnehmer überfordert. Komplexe Funktionserklärungen, viele wechselnde Bildschirmmasken in der Software, deren Sinn sich niemandem in der Kürze erschließt, aber immerhin auch der eine oder andere schwache Wiedererkennungseffekt ...

Kurz, alle sind froh, als es endlich Zeit für das Mittagessen ist. Eine Stunde Mittagspause sollte ausreichen, um die Akkus wieder aufzuladen.

Die Mitarbeiter der Futura Hanse GmbH und auch Frau Orga eilen in ihre Büros, um ein paar dringende Dinge zu erledigen und Herr Speicher bleibt als Betreuer für den Anbieter 1 zurück.

Dabei kommt auch die Tagesagenda zur Sprache.

„Herr Speicher, wir haben jetzt noch vier Stunden Zeit, müssten

ihnen aber noch fünf Softwaremodule zeigen. Wollen wir das Mee-ting verlängern?" fragt der Vertriebsleiter des Anbieters 1.

"Verlängern wäre nicht gut. Es ist Freitag und ich glaube, dass die Aufmerksamkeit der Leute irgendwann nachlässt. Besser wäre, wenn sie die Präsentation straffen könnten", schlägt Herr Speicher vor.

In diesem Sinne wird nach dem Mittagessen auch verfahren. Nach weiteren zwei Stunden, die Mitarbeiter haben sich nur mit Mühe und viel Kaffee durch das berüchtigte "Mittagsloch" gebracht, ist es 15.00 Uhr und damit Zeit für eine kleine Pause.

"Wie lange soll das denn noch gehen? Normalerweise packe ich freitags um diese Zeit so langsam meine Sachen zusammen", hört Herr Speicher im Vorbeigehen auf dem Gang einen Kollegen sa-gen.

In den letzten anderthalb Stunden wurde es zunehmend unruhiger im Meeting. Die Konzentration lässt nach, es werden kaum noch Fragen gestellt. Auf einmal heißt das Ziel des Meetings nur noch "Feierabend".

Zwei endlose Stunden später ist es dann endlich soweit.

Herr Speicher hat den Anbieter 1 noch nicht ganz verabschiedet, als er feststellt, dass sämtliche Kollegen bereits verschwunden sind. "Mist", denkt er "Wir müssen die Präsentation doch noch gemein-sam bewerten und jetzt sind schon alle gegangen."

Am liebsten würde er auch gleich gehen, aber die Geschäftsfüh-rung hat ihm die Verantwortung übertragen und der muss er jetzt auch gerecht werden.

Also lädt er alle internen Teilnehmer für den kommenden Dienstag zu einer Bewertungsrunde ein.

Als Herr Speicher am Montagmorgen nichtsahnend sein Mail File öffnet, traut er seinen Augen nicht. Jede Abteilung hat auf seine Einladung reagiert.

Allerdings nicht so, wie er es sich erhofft hat. Im Gegenteil, der Tenor ist:

- *Wir haben keine Zeit für ein internes Meeting, schließlich kommt am kommenden Freitag schon der nächste Anbieter!*
- *Kann die IT-Abteilung das nicht ohne uns bewerten?*
- *Nach nur einem Mal kann man nicht beurteilen, ob so eine Software gut oder schlecht ist. Wir sind schließlich keine Fachleute*
- *Die nächste Präsentation muss besser werden, weil wir nach dieser gar keine Bewertung machen können. Wir haben noch zu viele Fragen, die gar nicht angesprochen wurden.*
- *...*

Dann klingelt auch noch sein Telefon und die Nummer von Frau Orga erscheint in seinem Display.

„Guten Morgen Herr Speicher, ich habe einige Beschwerden bezüglich der Präsentation am letzten Freitag bekommen. Da müssen sie das Konzept nochmal überdenken", rät sie ihm.

„Manic Monday, ...", denkt Herr Speicher als er aufgelegt hat. Was soll er nur tun?

Mit Mühe und Not bekommt er schließlich von den einzelnen Abteilungen ein paar E-Mails, mit groben Bewertungen, die sich aber nicht nur auf die Software beziehen, sondern auf die Organisation der Veranstaltung im allgemeinen, einzelne Referenten usw.

„Das ist zwar nicht wirklich aussagefähig, aber wenigstens etwas", grummelt Herr Speicher.

An dieser Stelle erinnern wir uns kurz, wie wichtig die Festlegung von Bewertungskriterien im Vorfeld ist.

Hinzu kommt, dass solche Veranstaltungen derzeit und sicher auch in der Zukunft vermehrt „Remote" stattfinden. Das hat viele Vorteile. Erspart es doch allen Beteiligten viel Fahrerei und damit Zeit und Geld. Remote sind die Teilnehmer häufig konzentrierter bei der Sache, weil die Ablenkung durch das Alltagsgeschäft im Büro fehlt. Eine gut gemachte „Remote"-Veranstaltung muss einer Präsenzveranstaltung in nichts nachstehen. Voraussetzung ist allerdings, dass alle Seiten gut vorbereitet sind.

Als Reaktion auf die Kritik hat Herr Speicher beschlossen, die nächste Präsentationsveranstaltung nicht mit allen Abteilungen gleichzeitig durchzuführen. Um nicht alle Mitarbeiter den ganzen Tag zu blockieren, ist jeweils nur die Abteilung, deren Bereich funktional vorgestellt wird, anwesend. Mit der Folge, dass jede Abteilung unbedingt gleich morgens an die Reihe kommen will. Weil das natürlich nicht funktionieren kann, entsteht sofort wieder Unmut. Frau Orga erscheint nur zur Begrüßung des Anbieters 2 und überantwortet Herrn Speicher offiziell ihre Vertretung.

„Ich habe ja schließlich keinen eigenen Bereich", flüstert sie ihm im Weggehen noch schnell zu.

Die erste Abteilung muss die Firmenpräsentation des Anbieters über sich ergehen lassen, bis es schließlich um die eigentlichen Funktionen der Software geht. Und so vergeht auch dieser Präsentationstag.

Allerdings hat Herr Speicher seinen Mitarbeiter Tom Draht im Vorfeld der Präsentation gebeten einen Bewertungsbogen auf Basis des Anforderungskataloges für jede Abteilung zu erstellen. Nach jedem Präsentationsabschnitt hat er darauf geachtet, dass die Kollegen ihre Bewertungen sofort durchführen.

Als er sich die Bewertungen später ansieht traut er seinen Augen kaum. Da steht zum Beispiel:

- *Die Präsentation wirkte aus dem Zusammenhang gerissen, weil nur unser Thema gezeigt wurde.*
- *Wir wussten gar nichts über das Beratungsunternehmen und können es dadurch nicht einschätzen*
- *Es wurde nur gezeigt, was wir in den Anforderungskatalogkatalog geschrieben haben und nichts wirklich Neues*
- *Vieles was die gezeigt haben läuft bei uns aber ganz anders ...*
- *...*

Jetzt hat Herr Speicher sprichwörtlich die „Faxen dicke", und vereinbart einen Termin mit Frau Orga.
Im Gespräch erläutert er seine bisherigen Erfahrungen mit den Präsentationen und der fehlenden Unterstützung bzw. Mitarbeit durch die Abteilungen.
„Die Leute haben keine Erfahrungen mit so einem Prozess und deshalb beschweren sie sich. Aber das läuft nun mal so. Da müssen wir alle durch, wenn das Unternehmen eine neue ERP-Software einführen will."
„Ok, ich spreche nochmal mit den Abteilungsleitern", verspricht Frau Orga.

Meine Empfehlung ist, solche Veranstaltung niemals aufzuteilen, weil dadurch keine realistische Beurteilungsbasis für die Software erreicht wird. Bei diesem wichtigen Prozess gehören alle betroffenen Abteilungen an einen Tisch. Nur so kann ein Gesamteindruck über die Arbeitsweise der Software entstehen. Außerdem ist dies gleich eine gute Vorübung für die abteilungsübergreifenden Meetings, die im Projektverlauf zur Abstimmung der Geschäftsprozesse notwendig sind.

Diese Erfahrung hat auch Herr Speicher gemacht und deshalb die folgenden beiden Präsentationstermine wieder entsprechend organisiert. Die Stimmung bei den beiden Präsentationen ist deutlich angespannter. Die Anbieter werden aggressiv mit Fragen „bombardiert" und müssen immer öfter auf den Anforderungskatalog verweisen, in dem viele Punkte nicht enthalten sind und deshalb auch nicht vorbereitet wurden. Dadurch steigt der Unmut der Beteiligten nur noch mehr. Entsprechend fallen die Bewertungen hinterher auch aus.

Bei der anschließenden Auswertung, die Herr Speicher gemeinsam mit Frau Orga durchführt, fällt ihm etwas auf.

„Obwohl die letzten beiden Dienstleister, basierend auf den gestellten Fragen viel mehr gezeigt haben, als die ersten beiden, sind ihre Bewertungen schlechter ausgefallen."

Frau Orga hatte bei den letzten beiden Präsentationsterminen zur Motivation der Kollegen wieder teilgenommen und teilt die Meinung von Herrn Speicher.

„Sie haben absolut recht. Ich verstehe nur nicht, was zu diesen Bewertungen geführt hat?", fragte sie.

Was ist passiert?

Ganz einfach. Die unstrukturierte Vorgehensweise der Futura Hanse GmbH hat Früchte getragen. Alle Beteiligten inklusive der ERP-Berater hatten vier „unerfreuliche" Termine.

Herr Speicher hat sich stark engagiert, dafür massive Kritik geerntet und ist entsprechend demotiviert.

Die Fachabteilungen haben aus ihrer Sicht viel zu viel Zeit nutzlos investiert und trotzdem keine konkreten Antworten auf ihre Fragen bekommen.

Die Anbieter fühlen sich unfair behandelt, weil sie sich auf Basis des Anforderungskataloges vorbereitet haben, während der Präsentationen jedoch wesentlich weiterreichende Informationen gefordert wurden, die unvorbereitet nicht immer zur Zufriedenheit der Fragenden gegeben werden konnten. Das wurde dann wiederum ungerechtfertigt vom Kunden kritisiert.

Als Herr Kaufmann Frau Orga fragt, wie der Stand in Sachen IT-Zukunftsthemen sei, antwortet sie frustriert:
„Das Thema ist ziemlich komplex und bisher haben wir noch kein konkretes Ergebnis erzielt. Vielleicht ist Herr Speicher auch überfordert?" Und noch während sie das sagt ist ihr bewusst, dass diese Aussage unfair ist.

Klar gesagt, Herr Speicher ist nicht überfordert. Aber man steuert ein Schiff nicht aus dem Maschinenraum heraus, wenn es sich nicht um einen Notfall handelt.
Die Methodik des Herangehens ist einfach nicht richtig und dadurch werden alle Beteiligten frustriert.
Was meinen sie passiert, wenn sie jetzt fragen würden, wer sich auf das kommende ERP-Projekt freut oder motiviert ist daran mitzuarbeiten?
Sie ahnen die Antwort und natürlich haben sie recht.
So früh wird der Grundstein für eine motivierte Projektarbeit gelegt und weil sie das erkannt haben wissen sie, wieviel mehr Vorbereitung es intern braucht, bis überhaupt der erste Anbieter zur Präsentation eingeladen werden sollte.
Dabei weise ich nochmals auf folgendes hin.
Eine komplexe Vorbereitung verlagert Arbeiten vor den Projektstart, die sonst mit höherem Aufwand innerhalb des Projektes nachgeholt werden müssten. Sie werden während des Projektes immer wieder auf die im Vorfeld geleistete Arbeit zurückgreifen.
Das wirkt entlastend und zeigt allen Beteiligten, dass sich dieser Aufwand gelohnt hat.

Vielleicht haben sie sich auch gefragt, warum die Bewertungen der Präsentationen zum Schluss schlechter geworden sind?

Bestimmt haben Sie dazu schon ihre eigenen Gedanken.

Die Mitarbeiter hatten trotz aller Kritik Lerneffekte aus den ersten beiden Präsentationen und haben aus diesen Erfahrungen heraus in den beiden letzten Präsentationen detailliertere Fragen gestellt. Außerdem sind die meisten Menschen agiler, wenn ihnen etwas missfällt und überwinden ihre Unsicherheit dadurch leichter, fragen mehr und sind insgesamt kritischer. Das ist möglicherweise der Grund für die schlechteren Bewertungen.

Mal sehen, wie es bei der Futura Hanse GmbH weitergeht.

Frau Orga wäre natürlich nicht Geschäftsführerin, wenn sie nicht in der Lage wäre Lösungen zu erarbeiten. Nach einem unruhigen Wochenende mit viel Nachdenken beschließt sie, ein außerordentliches Feedbackmeeting mit der IT-Abteilung und den anderen Abteilungen einzuberufen, um die aktuelle Situation zu besprechen.

Gleich am Montagmorgen um 11.00 Uhr sitzen alle Kollegen, die bisher an den Präsentationen teilgenommen haben, im Meetingraum und schauen erwartungsvoll auf Frau Orga.

„Guten Morgen zusammen. Wir wollen heute über das weitere Vorgehen in unserem IT-Projekt sprechen. Unser bisheriges Vorgehen war nur bedingt erfolgreich. Das hat das Ergebnis gezeigt. Ich bin nicht vollständig überrascht, weil wir ja alle noch keine Erfahrungen mit so einer Situation haben. Aber die nächste Runde müssen wir inhaltlich besser vorbereiten."

Anschließend diskutiert die Runde über das weitere Vorgehen und kommt, wie nicht anders zu erwarten, genau zu den Verbesserungspunkten, die sie in meinen Empfehlungen bereits lesen konnten.

Nachdem alle Anbieter präsentiert haben und die entsprechenden Bewertungen durchgeführt wurden, ergeben sich in der Regel weiterführende und vertiefende Fragestellungen. Diese Fragestellungen sollten wieder katalogisiert und den einzelnen Anbietern für eine zweite Präsentationsrunde zur Verfügung gestellt werden. Auch hier ist es wieder notwendig, im Vorfeld Bewertungskriterien festzulegen. Abschließend werden dann die Bewertungen aus beiden Präsentationsrunden pro Anbieter zusammengeführt und so der Favorit ermittelt.

Nach Auswertung des zweiten Präsentationsdurchgangs hat die Firma Sieger Consult die beste Bewertung erhalten und soll nun von unserer Futura Hanse GmbH beauftragt werden.

Frau Orga beauftragt den inzwischen leidgeprüften Herrn Speicher, die Vertragsverhandlungen mit der Sieger Consult durchzuführen. Mittlerweile wäre es Herrn Speicher fast schon lieber, etwas weniger im Blickfeld der Geschäftsführung zu arbeiten.
„Woher bekomme ich so etwas wie einen Mustervertrag", fragt er sich gerade, als sein Telefon klingelt.

„Speicher, Futura Hanse GmbH", meldet er sich.
„Hallo Herr Speicher, mein Name ist Volker Reibach von der Sieger Consult. Ich habe vor ein paar Minuten mit Frau Orga telefoniert, um über den Vertrag zu sprechen. Frau Orga hat mich für die Vorbereitungen an sie verwiesen."
„Ja, so haben wir das intern besprochen", bestätigt Herr Speicher vorsichtig.

*„Prima, dann sende ich ihnen mal unseren Standardvertrag zu.
Das ist keine große Sache. Sie müssten nur ein paar Stellen ausfül-
len. Das sollte kein Problem für sie sein und falls sie Fragen haben
rufen sie einfach kurz durch."*

*„Was für eine Erleichterung, Herr Reibach liefert die Lösung für
mein Problem", denkt Herr Speicher.*

Bester Laune geht er in den Feierabend und das ist gut so.

Einen schönen Abend kann einem keiner mehr nehmen. Aber leider
auch keinen schlechten nächsten Tag und den sollte Herr Speicher
haben.

4 … lästige Vertragsarbeit

Als Herr Speicher am nächsten Morgen in sein Mail File sieht, erwarten ihn gleich mehrere komplexe Dokumente.
Ein Lizenzvertrag, ein Beratervertrag, ein Supportvertrag und ein Anhang mit den allgemeinen Geschäftsbedingungen der Sieger Consult.
Er druckt die Verträge aus und beginnt zu lesen und je mehr er liest, desto verwirrender erscheint ihm das gesamte Vertragswerk. Als er bei den kleingedruckten AGB der Sieger Consult ankommt, gibt er endgültig auf.

„Wenn etwas sehr komplex ist, sollte man es in kleinen Schritten angehen", ermutigt er sich.
„Also, wie viele User brauchen wir eigentlich?", fragt er sich, „das kann ja nicht so schwer zu beantworten sein."
Allerdings wird im Vertrag zwischen „concurrent Usern" und „named Usern" und einer Kombination von concurrent und named Usern unterschieden.
„Verdammte Axt, nicht einmal die Userzahl ist einfach zu bestimmen", grummelt Herr Speicher in sich hinein.
Insgesamt sollen bei der Futura Hanse GmbH 350 Mitarbeiter mit der neuen Software arbeiten. Aber wie ist die Anzahl der User oder der benötigten Lizenzen zu ermitteln?

Das Modell „concurrent User" definiert die Anzahl gleichzeitig nutzbarer Lizenzen. Bei 350 Lizenzen können maximal 350 User gleichzeitig mit der Software arbeiten. Grundsätzlich können aber mehr als 350 User berechtigt sein, mit der Software zu arbeiten. Wenn allerdings alle 350 Lizenzen in Gebrauch sind, kann der 351te User sich erst anmelden, wenn ein anderer User sich abgemeldet hat.

Hinzukommt, dass sich User auch mehrfach anmelden können, solange die Gesamtzahl der Lizenzen nicht überschritten wird.

Beim Modell „named User" ist an jede Lizenz ein einziger Username geknüpft. Das bedeutet, dass bei 350 Lizenzen auch nur 350 User unter ihrem jeweiligen Namen mit der Software arbeiten können. In der Software sind dann auch nur diese 350 User hinterlegt.

Das Modell „concurrent-named User" ermöglicht eine Mischung. Sie haben beispielsweise 200 Mitarbeiter in der Verwaltung, die regelmäßig mit der Software arbeiten. Für diese User ist es sinnvoll „named User" Lizenzen zu erwerben. Zusätzlich haben sie 150 User im Außendienst. Diese User arbeiten nicht ständig und nicht gleichzeitig und ggf. nicht einmal täglich mit der Software. Hier ist es ausreichend, vielleicht nur 100 Lizenzen für „concurrent User" zur erwerben. Sie sparen somit 50 Lizenzen ein. Das ist finanziell durchaus interessant. Es lohnt sich also darüber nachzudenken.

Herr Speicher entscheidet sich für ein gemischtes Modell, das ideal zur Futura Hanse GmbH passt. Dieser Vertragspunkt ist damit erledigt.
Er geht die Verträge Punkt für Punkt durch und ergänzt alle Angaben, so gut es ihm möglich ist Zum Glück sind viele Inhalte bereits von Herrn Reibach vorbereitet, wie Stundensätze der Berater, Leistungen der Sieger Consult, Stundensätze für Anpassungsprogrammierungen, Zahlungsmodalitäten und so weiter.

Er ist froh darüber und viele Punkte wurden ja bereits bei den Präsentationen grob angesprochen, so dass auch Frau Orga diese Modalitäten bereits kennt. Das wird wohl keine Diskussionen auslösen, denkt Herr Speicher.

Zwei Tage später sitzt er bei Frau Orga im Büro und bespricht mit ihr das Vertragswerk.

„Wir haben im Grunde drei Verträge," erklärt er.

„Erstens den Lizenzvertrag, der uns überhaupt berechtigt die Software zu nutzen. In ihm werden die Nutzungsbedingungen und die Lizenzpreise geregelt. Zweitens den Consultingvertrag, in dem die Tagessätze und Reisekosten der Berater aufgeführt werden, unsere Mitwirkungspflichten definiert sind und die Zahlungsmodalitäten festgelegt sind. Und Drittens den Supportvertrag, der regelt, in welcher Zeit wir bei einem Problem eine Lösung erwarten können und den Umgang mit Softwareupdates und Fehlerbehebungen definiert, ebenso wie die Kosten und die Zahlungsbedingungen. Ansonsten sind hier nur noch die AGB der Sieger Consult", schließt er seine kleine Ansprache.

„Welchen Eindruck haben sie von dem Vertragswerk?", fragt Frau Orga, die angesichts der Komplexität keine große Motivation verspürt tiefer in die Details einzusteigen. Sie beschließt Herrn Speicher solange zu den Verträgen zu befragen bis sie das Gefühl hat, genug über das Vertragswerk zu wissen. Darüber hinaus will sie sich auf seinen Sachverstand verlassen.*

Aber auch Herr Speicher ist sich seiner Sache nicht wirklich sicher und vertraut der Sieger Consult relativ „blind":

„Ich denke, dass das so in Ordnung geht. Die Sieger Consult macht solche Verträge ja ständig und hat Erfahrung damit."

„Ja, das denke ich auch. Aber ich möchte auf alle Positionen nochmal 10 Prozent Rabatt haben. Bitte handeln sie das mit Herrn Reibach entsprechend aus."

„Die Sieger Consult arbeitet übrigens im Projekt mit einer agilen Methodik und ist damit sehr modern im Vorgehen", merkt Herr Speicher noch begeistert an.*

Frau Orga, die diesen Begriff natürlich auch schon gehört hat, freut sich insgeheim darauf, ihrem Kollegen Herrn Kaufmann, die gute Nachricht überbringen zu können, dass sie in der neuen Welt angekommen sind.

Herr Speicher verhandelt die Verträge mit Herrn Reibach und erzielt insgesamt einen Nachlass von sieben Prozent, mit dem Frau Orga letztendlich zufrieden ist.

Eine Woche später werden die Verträge von den Geschäftsführern der Futura Hanse GmbH und der Sieger Consult, bei einem netten Smalltalk mit Fingerfood, unterschrieben.

Dieses Vorgehen ist nicht untypisch und passiert so oder so ähnlich viel zu oft. Verträge sind zum Lesen da und wenn man nicht alles versteht, sollte man sich durch einen in diesem Metier erfahrenen Rechtsanwalt, unterstützen lassen. Vertragsprüfungen sind sehr zeitaufwändig und deshalb sehr unbeliebt auf Geschäftsführungsebene. Aber genau dort gehört die Prüfung hin, denn genau dort werden unterschriebene Verträge verantwortet.

Leider erhalten die meisten Verträge erst dann die richtige Aufmerksamkeit, wenn es zu einer Eskalation gekommen ist. Doch dann ist das Kind bereits in den Brunnen gefallen.

Damit ihnen das nicht passiert sehen wir uns die drei Vertragsarten einmal etwas genauer an.

4.1 Beratervertrag: ... damit sie gut beraten werden

Diese Verträge sind so präzise wie möglich zu definieren. Sie sollten den Projektaufbau und den Projektablauf definieren, sowie die

Rollen und die Kosten für die einzelnen Berater. Dabei ist auch die Vergütung von Reisezeiten und Kilometerpauschalen zu beachten. Sie sollten darin Tagespauschalen, Maximalbeträge für Hotelkosten etc. festschreiben.

Ein hohes Maß an Aufmerksamkeit muss auf die Mitwirkungspflichten des Kunden im Projekt gelegt werden. Ohne die notwendige Zuarbeit, die sich aus den vertraglich vereinbarten Mitwirkungspflichten des Kunden ergeben, kann das Beratungsunternehmen nicht erfolgreich arbeiten. Das geht von der Notwendigkeit, für jeden Bereich einen oder mehrere Key User zu bestimmen, über Raumbedarfe bis hin zur Bereitstellung von zusätzlicher Hardware (zum Beispiel für Schulungen) und Netzkapazitäten (Internet, Intranet). Außerdem umfassen sie die Vor- und Nachbereitung von Workshops und das Einarbeiten in die neue Software. Das alles erzeugt Kosten, ist aber unumgänglich.

Ein von beiden Vertragsparteien akzeptiertes Pflichtenheft bzw. das Dokument aus der Vorstudie ist als Basis für die vom Beratungsunternehmen zu erbringenden Leistungen unbedingt in den Vertrag aufzunehmen.

Dazu gehört auch eine mit dem Pflichtenheft korrespondierende transparente Kalkulation. Beiden Vertragsparteien muss klar sein, wie sich die einzelnen Beträge im Detail zusammensetzen.

Falls es zu Problemen im Projekt kommt, sind der Leistungsumfang und die Kosten natürlich immer Gegenstand einer detaillierten Betrachtung. Je genauer diese beiden Punkte vertraglich manifestiert wurden, desto einfacher ist es in Streitfall eine Klärung herbeizuführen oder einen eventuellen Anspruch zu begründen.

Grundsätzlich ist es absolut sinnvoll im Vertrag das Vorgehen im Falle einer Eskalation zu definieren. Die Vereinbarung eines solchen Vorgehens fällt in „Friedenszeiten" sehr leicht und ist für „Krisenzeiten" ungemein nützlich.

In diesem Zusammenhang möchte ich noch ein Wort zu den allgemeinen Geschäftsbedingungen verlieren. Diese sind natürlich auf die Belange ihres Vertragspartners abgestellt. Damit sind ihre Interessen mit Sicherheit nicht ideal abgebildet.

Einfaches Beispiel: Sie sind in Hamburg ansässig, Gerichtsstand nach den AGB ihres Dienstleisters ist aber München, weil er dort ansässig ist. Sie müssen also im Ernstfall nach München reisen, bezahlen die Zeit und die Reisekosten für sich, für ihren Anwalt und ggf. noch für notwendige Mitarbeiter. Besser, sie vereinbaren in diesem Falle als Gerichtstand Hamburg. Noch besser ist es natürlich, wenn der Gerichtstand nicht zum Tragen kommt oder der Anbieter die allgemeinen Geschäftsbedingungen ihres Unternehmens akzeptiert.

Allein mit dem Thema Verträge könnte ich sie noch stundenlang weiter langweilen, aber wir wollen ja wissen, wie es bei der Futura Hanse GmbH weitergeht. Deshalb gebe ich ihnen jetzt noch in aller Kürze ein paar Hinweise dazu.

Der wichtigste Hinweis ist, dass ich mit meinen Empfehlungen keine Vollständigkeit anstrebe. Ich versuche sie auf wesentliche Dinge aufmerksam zu machen, nicht mehr aber auch nicht weniger. Zum Beratervertrag habe ich ihnen nun einiges erzählt. Weiter geht`s?

4.2 Lizenzvertrag: ... zum Töten? Nein, zum Nutzen.

Kommen wir jetzt zu den Lizenzverträgen oder, was heute immer moderner wird, der Anzahl der Arbeitsplätze, die sie benötigen. Innerhalb der Projektphase benötigen Sie nur einen Bruchteil davon, weil ja vor allem die Key User der einzelnen Fachbereiche mit der Software arbeiten. Erst in der Schlussphase, benötigen sie die tatsächliche Anzahl an User-Lizenzen/Arbeitsplätzen. Stellen sie sich vor, dass es zu Projektverzögerungen kommt (was zwar nicht schön wäre, aber schon einmal vorgekommen sein soll), dann sparen sie auch in dieser Zeit noch Lizenzgebühren, ohne dass sie extra verhandeln müssen. Die Lizenzen sind grundsätzlich an eine juristische Person gekoppelt. In unserem Fall an die Futura Hanse GmbH.

In der Praxis kommt es häufig vor, dass nach Unternehmenszukäufen, Lizenzen aus dem bestehenden Unternehmen im zugekauften Unternehmen genutzt werden sollen. Das ist aber nur statthaft, wenn das zugekaufte Unternehmen in der Muttergesellschaft aufgeht, also seinen Status als eigenständige juristische Person verliert. Ist das nicht der Fall, darf keine Lizenzübertragung erfolgen. Die neue Gesellschaft muss unter ihrem Namen neue Lizenzen erwerben, auch wenn aus Konzernsicht noch Lizenzen verfügbar wären.

Ansonsten verstoßen sie gegen das Lizenzrecht und solche Verstöße können strafrechtlich verfolgt werden, erzeugt aber in jedem Fall vermeidbare Kosten. Besprechen sie solche Fälle einfach mit dem Lizenzgeber. Normalerweise findet sich problemlos eine konstruktive Lösung und sie bleiben auf der sicheren Seite.

4.3 Supportvertrag: … damit ihnen geholfen wird!

Auch der Supportvertrag bietet Sparpotenzial. Innerhalb der Projektphase benötigen sie keinen Support. In dieser Zeit unterstützt sie das Beratungsunternehmen bei Softwareproblemen.

Beim Supportvertrag ist noch eine „Kleinigkeit" zu beachten. Haben sie eine Idee?

Stichwort „Risikomanagement".

Was passiert, wenn ihr Softwaresystem ausfällt und sie können plötzlich nicht mehr produzieren, an Kunden ausliefern oder bezahlen? Wie lange können sie improvisieren? Was passiert, wenn sie tatsächlich nicht termingerecht liefern können?

Sie erleiden mindestens einen Imageschaden, eventuell müssen sie Vertragsstrafen bezahlen, ihr Rating als Top-Lieferant wird heruntergestuft und bei den nächsten Preisverhandlungen haben sie keine gute Ausgangsposition. Dasselbe gilt, wenn sie nicht zahlen können. Auch hier drohen mindestens Skontoverluste, die ihren Gewinn reduzieren. Es ist sinnvoll, diese Risiken für ihr Unternehmen finanziell zu bewerten. Schnellere Reaktionszeiten des Supports erhöhen die Kosten. Die finanzielle Bewertung gibt ihnen die Möglichkeit, die Kosten ihrer Risiken mit den Kosten des Supports zu vergleichen und damit zu beurteilen, welche Reaktionszeiten sie tatsächlich mit dem Supportdienstleister vereinbaren müssen, um handlungsfähig zu bleiben.

Der Supportvertrag muss so ausgestaltet werden, dass er ihre Risiken ideal abdeckt.

Ich gebe ihnen ein Beispiel:

Wenn sie zum Beispiel maximal einen Tag Produktions- und Lieferausfall kompensieren können, vereinbaren sie eine entsprechend kürzere Frist, Z.B. einen halben Tag, mit dem Supportdienstleister. Wenn ihre Kompensationsmöglichkeiten geringer sind, müssen sie auch schnellere Reaktionszeiten mit dem Supportdienstleister vereinbaren.

Durch die passenden Vereinbarungen im Supportvertrag sichern sie den Geschäftsbetrieb ihres Unternehmens ab und können wesentlich ruhiger schlafen.

Sie sehen, so kommt ein Euro zum anderen. Wie gut, dass sie dieses kleine Büchlein lesen.

Einen kleinen Exkurs in das Vertragswesen machen wir noch, bis wir uns gemeinsam ansehen, wie das Projekt bei der Futura Hanse GmbH gestartet wird.

Bei Verträgen wird zwischen Werkverträgen und Dienstleistungsverträgen unterschieden.

4.4 … ich höre immer Werkvertrag …

- Bei einem Werkvertrag schuldet der leistende Unternehmer dem Leistungsempfänger das Herstellen eines definierten Leistungserfolges
- Das Beratungsunternehmen verpflichtet sich zur Herstellung eines bestimmten Werks, zum Beispiel der Erstellung einer Softwarefunktionalität und erhält dafür vom Besteller einen Werklohn
- Das Werk muss nicht neu hergestellt werden, auch eine Veränderung einer Sache kann Gegenstand von Werkverträgen sein
- Der leistende Unternehmer muss den Erfolg tatsächlich herbeiführen, ein Bemühen reicht nicht aus
- Der Auftraggeber hat normalerweise keinen Einfluss auf das „Wie" das „Durch Wen" und das „Wann"
- Nicht das persönliche Erbringen der Leistung durch den Auftragnehmer steht im Vordergrund, sondern der Erfolg
- Erst wenn der Erfolg bestätigt wurde, zum Beispiel durch eine Abnahme der Leistung seitens des Auftragsgebers, erfolgt die Bezahlung. Teilzahlungen, zum Beispiel aufgrund der Länge des Erstellungszeitraumes, darf das Beratungsunternehmen nicht fordern. Allerdings sollte die Abnahme der Leistung seitens des Auftraggebers zeitnah erfolgen.

Das bedeutet, sobald für ihr Projekt programmiert wird, sollte ein Werkvertrag zugrunde gelegt werden. Er garantiert ihnen, dass sie erst zahlen müssen, wenn sie die vereinbarte Leistung erhalten und akzeptiert haben. Wesentlich ist, dass sie die erbrachte Leistung genau prüfen und die Funktionen detailliert testen. Teilabnahmen sollten sie nur unter dem Vorbehalt einer erfolgreichen Gesamtabnahme vornehmen oder wenn vorher genau definiert wurde, was der Erfolg dieses Teils ist. Ansonsten ist der Erfolg für sie nicht prüfbar und sie können ihn auch nicht abnehmen.

Diese Vertragsform ist wesentlich für ihr Projekt und sollte so auch gleich im Consultingvertrag für Programmierungen vereinbart werden.

4.5 ... und was ist ein Dienstleistungsvertrag?

- *Der Dienstleister bietet ihnen seine Zeit und seine berufliche Erfahrung (Expertise, Qualifikation) an*
- *Es wird die Erbringung einer Leistung vereinbart, ein bestimmtes Ergebnis aber nicht garantiert*
- *Der Dienstleister steht für eine Vielzahl von Tätigkeiten zur Verfügung*
- *Es gibt keine „verschuldensunabhängige Gewährleistung"*
- *Der Auftraggeber hat aber bei Schlechtleistung Anspruch auf Schadenersatz*

Wie sie jetzt leicht erkennen können, hat diese Vertragsform einen ganz anderen Charakter. Das zu erstellende Gewerk ist anfangs nicht eindeutig definiert. Die zu erbringende Leistung ist deutlich schwieriger messbar. Agile Softwareerstellungsverfahren basieren auf Dienstleistungsverträgen.

Ein wichtiger Hinweis meinerseits: Wenn sie unsicher sind, konsultieren sie bitte ihren Anwalt. Mein Ziel ist es lediglich, ihnen einen kurzen Überblick über ein extrem komplexes Thema zu geben.

Jetzt wird es spannend, denn gerade geht es bei der Futura Hanse GmbH weiter.

5 Das Projekt

5.1 Jetzt geht es los!

Es ist Montagmorgen und ein großer Tag kündigt sich für die Futura Hanse GmbH an. Heute findet der interne Kick Off, also die Startveranstaltung, für das ERP-Projekt statt und wieder sitzen alle Fachabteilungsleiter und Frau Orga im Meetingraum zusammen.

„Guten Morgen. Heute wollen wir gemeinsam das neue Projekt starten", leitet sie das Meeting ein.

„Wir brauchen einen Projektleiter und ich schlage dafür Herrn Speicher vor."

Herr Speicher verliert etwas an Farbe im Gesicht, traut sich dann aber doch zu intervenieren.

„Ich glaube, das wäre nicht so glücklich, weil ich sicherlich mit dem technischen Projektsupport, der nötig wird, aber auch mit Themen wie Datenmigration, Schnittstellen usw. sehr ausgelastet sein werde. Außerdem ist es bestimmt sinnvoll, wenn jemand aus den Fachabteilungen, diese Rolle übernimmt."

Frau Orga denkt einen Moment nach und nickt zustimmend: „Dann möchte ich aber, dass sie stellvertretender Projektleiter werden. Sie kennen unsere Überlegungen schließlich von der ersten Stunde an."

Damit kann Herr Speicher leben.

„Ok, wen schlagen sie als Projektleiter vor?", fragte Frau Orga in die Runde.

Die Blicke senken sich und ein etwas betretenes Schweigen stellt sich ein.

Frau Orga dauert das zu lange.

„Wie sieht es mit der Produktion aus? Frau Baubar, haben sie jemanden, der das machen könnte?"

Frau Baubar zuckt zusammen.

„Wir sind personell an der Grenze, seit Frau Müller im Mutterschutz ist. Unser Praktikant musste bereits einige ihrer Aufgabe übernehmen."

„Wie sieht es im Einkauf aus?" fragt sie weiter.

Herr Brauch, leicht erregbar, kontert sofort:

„Wir sind gerade mitten in den jährlichen Rahmenverhandlungen mit unseren Lieferanten und das kann sich noch hinziehen. Da brauche ich alle verfügbaren Kräfte."

„Herr Habich, kann der Vertrieb jemanden für diese Aufgabe bereitstellen?"

„Auf keinen Fall. Sie kennen ja die schwierige Marktlage. Die Zeiten werden härter, da dürfen wir jetzt nicht wegen eines internen Projektes nachlassen. Und vom Außendienst kommt sowieso niemand in Frage."

Frau Orga ist innerlich verärgert über diese entschiedene Ablehnung von Herrn Habich, will aber auch keine Diskussion mit ihrem Kollegen Herrn Kaufmann provozieren. Er würde ihr ohnehin nur dasselbe erklären.

Sie blickt in die Runde und entdeckt Herrn Spar, den Leiter der Finanzbuchhaltung.

Der schüttelt sofort den Kopf.

„Wir sind doch sowieso schon immer so spät mit den Zahlen und Auswertungen, weil wir die Sachen aus dem Ausland nur so zögerlich bekommen. Außerdem müssen wir ja die Monatsabschlüsse zeitnah erstellen und der Jahresabschluss muss auch noch mit den Wirtschaftsprüfern abgestimmt werden."

Es herrscht große Ratlosigkeit und auch Frau Orga fällt nicht wirklich jemand ein, der sich für diese Aufgabe eignet.

Da meldet sich Herr Spar nochmals zu Wort:

„Wie wäre es denn mit unserem neuen Controller, Herrn Klarsicht.

Der ist noch jung, kennt sich bestimmt mit Softwareprojekten und solchen Dingen gut aus und es muss ja sowieso auf die Kosten geachtet werden. Das passt doch zusammen."

Während sich zustimmendes Gemurmel im Raum erhebt ist Frau Orga sichtlich erleichtert. Herr Klarsicht ist die Lösung, nur weiß er das noch nicht.

„Ich werde mit Herrn Klarsicht sprechen. Aber wir sind noch nicht durch. Wir brauchen noch Key User aus jeder Abteilung, die im Projekt mitarbeiten."

„Was sind denn Key User?" fragt der Vertriebsleiter Herr Habich.

„Vielleicht können Sie das am besten erklären Herr Speicher", wendet sich Frau Orga an ihren IT-Leiter.

„Key User haben die Aufgabe intensiv im Projekt mitzuarbeiten und später die User zu schulen. Deshalb müssen sie sehr erfahren sein. Bei ihnen im Bereich wäre Herr Schickich solch eine Person."

Herr Habich schaut mit bösem Gesicht zu Herrn Speicher.

„Das ist mein bester Mann. Den gebe ich dafür nicht her, den kann ich auch gar nicht entbehren. Was der alles macht, können sie sich gar nicht vorstellen."

„Sie wollten wissen, welche Rolle ein Key User hat und wer dafür in Frage kommt und das war ein Beispiel", kontert Herr Speicher ungeduldig.

„Trotzdem, das geht gar nicht", setzt Herr Habich nach.

Frau Orga verliert angesichts der Zähigkeit des Meetings langsam die Geduld.

„Dieses Projekt hat absolute Priorität und ich erwarte, dass alle hier im Raum ihr Bestes geben, um das Projekt zu unterstützen. Auch wenn das bedeutet, dass sie zeitweise auf ihre besten Mitarbeiter verzichten müssen. Ich bitte sie deshalb, mir bis zum kommenden Mittwoch mitzuteilen, wen sie zum Key User ihrer Abteilung bestimmt haben."

Mit diesen Worten schließt sie das Meeting, eilt in ihr Büro und bittet den zukünftigen Projektleiter und derzeitigen Controller Herrn Klarsicht zu sich.

Vermutlich haben sie im Rahmen ihrer Berufserfahrung alle schon einmal eine solche Situation erlebt. Das paradoxe daran ist, dass die geäußerten Bedenken in den meisten Fällen gerechtfertigt sind. Kaum ein Unternehmen ist heutzutage personell so ausgestattet, dass man eben mal einen erfahrenen Mitarbeiter entbehren könnte und das auch noch für längere Zeit. Oft werden personelle Engpässe ohnehin schon durch Überstunden kompensiert. In solchen Situationen nehmen viele Mitarbeiter nicht ihren vollen Jahresurlaub, so dass Resturlaubsansprüche ein zusätzliches Thema sind. Da ist dann der Einspruch eines Vorgesetzten, diesen Mitarbeitern nicht noch mehr zuzumuten nicht als Unwille, sondern eher als Fürsorge auszulegen.

Aber wie immer hat die Medaille zwei Seiten. Ohne diese erfahrenen Mitarbeiter kann ein ERP-Projekt nicht erfolgreich werden. Die Erfahrungen und Kenntnisse genau dieser Mitarbeiter sind unverzichtbar. Nur diese Mitarbeiter können ein millionenschweres ERP-Projekt zum Erfolg führen.

Anscheinend gibt es keinen einfachen Ausweg aus diesem Dilemma. Zum Glück stimmt diese Annahme nicht. Auch hier gibt es Möglichkeiten, die aber wie so oft im Leben nicht kostenlos sind.

Schon geraume Zeit, bevor so ein Projekt gestartet wird, muss für eine personelle Entlastung der Key-User gesorgt werden. Für Aufgaben, die bisher nur durch diese Personen erledigen, müssen Vertreter angelernt werden. Diese Vertreter müssen wiederum in ihrem bestehenden Aufgabenbereich entlastet werden. Am Ende der Kaskade bleiben Arbeiten über, die ohne zusätzliches Personal nicht erledigt werden können. Allerdings erfordern diese Arbeiten oftmals keine hohe Qualifikation und können deshalb von eingearbeiteten Zeitarbeitskräften übernommen werden oder man bereitet gezielt einen Auszubildenden, Werksstudenten oder Langzeitpraktikanten darauf vor.

Schützen sie ihre Mitarbeiter, dann bleiben diese motiviert und unterstützen das Projekt nach Kräften. Wenn die Belastung zu hoch wird, kann es sein, dass sich – insbesondere qualifizierte – Mitarbeiter kurzfristig zu anderen Arbeitgebern umorientieren. Ihr Projekt bleibt ihnen zwar erhalten, aber das wichtige Fachwissen und die Unternehmenskenntnisse dieser Mitarbeiter gehen ihnen verloren und stärken schlimmstenfalls auch noch die Konkurrenz.

Der Verlust erfahrener Mitarbeiten ist grundsätzlich teuer und sollte deshalb unbedingt vermieden werden.

Wieso?

Ich nenne ihnen ein paar Gründe:

- Kosten für die Suche nach neuem Personal (Anzeigenkosten, Kosten für Personalagenturen bzw. Headhunter, Kosten für Vorstellungsgespräche, …)
- Kosten durch Reibungsverluste im Projekt (jemand muss die Rolle zeitweise übernehmen, es muss eine Übergabe erfolgen, neue Einarbeitungsphase, Doppelbelastung, …)
- Ggf. Kosten, weil mangels Erfahrung suboptimale Prozesse implementiert werden, die das Unternehmen die nächsten Jahre belasten
- Frust bei allen anderen Mitarbeitern, die einen gute/n Kollegin/en verloren haben und jetzt selber schwanken
- … (Platz für Argumente, die ihnen noch einfallen)

Ich zähle diese Punkte für diejenigen auf, die meinen, dass Zeitarbeitskräfte zu teuer sind. Niemand darf in diesen Zeiten Geld verschwenden, aber manche Ausgabe ist ein sinnvolles Investment.

Ich habe zu diesem Thema noch eine kleine Anekdote aus meiner eigenen Projektwelt für sie.

Vor einiger Zeit wurde ich als Mediator in ein großes ERP-Projekt gebeten. Das Projekt war angeblich komplett schiefgelaufen und die Fronten hatten sich verhärtet. Beide Seiten fühlten sich übervorteilt. Es war nicht einfach die Situation wieder in die richtigen Bahnen zu lenken. Aber eine Aussage ist mir besonders im Gedächtnis geblieben. Sie kam von der Geschäftsführung des Kunden.

„Wir haben extra in den Vertrag schreiben lassen, dass wir keine Zeit haben, das Projekt mit unseren Mitarbeitern zu unterstützen. Die Berater sollten das ERP-System aufbauen und dokumentieren, anschließend sollten sie die User schulen und in der Anfangsphase noch ein bisschen coachen. Im Zweifel können die User ja später in der Dokumentation nachschlagen."

Ich war tief beeindruckt. Erstens darüber, dass man als Auftraggeber so blauäugig sein kann und zweitens, dass sich ein Beratungsunternehmen so etwas in den Vertrag schreiben lässt.

Dieser Doppelfehler hat beide Seiten viel Geld gekostet, könnte zum Glück aber behoben werden.

Na ja, man lernt nie aus.

Aber noch einmal zusammengefasst:

ERP-Implementierungsprojekte gibt es nicht schlüsselfertig. Sie sind grundsätzlich sehr teuer und erfordern ein hohes Engagement auf Kunden- und Beraterseite. Außerdem belasten sie ausgerechnet die erfahrensten Mitarbeiterinnen und Mitarbeiter am meisten. Allerdings entscheiden die Fachkompetenz und das Wissen ihrer erfahrenen Mitarbeiter, kombiniert mit dem funktionalen Wissen der Berater über den Projekterfolg. Eine Seite allein kann nur suboptimale Ergebnisse erzielen.

Jeder **gute** Prozess begleitet und entlastet das Unternehmen über geschätzte sieben Jahre oder, angesichts des Cloudzeitalters, sogar länger. Jeder **schlechte** Prozess allerdings ebenso!

So, jetzt wird es Zeit in die Futura Hanse GmbH zurückzukehren. Wir wollen das Gespräch zwischen Frau Orga und Herrn Klarsicht, dem Controller, nicht verpassen.

Der Controller Alexander Klarsicht ist erst ein knappes Jahr im Unternehmen. Nach seinem Studium der Wirtschaftswissenschaften, mit dem Schwerpunkt Controlling, hat er drei Jahre in einem mittelständischen Unternehmen in der Finanzbuchhaltung gearbeitet. Parallel sollte er dort das Controlling aufbauen. Nachdem das aus Gründen, die er nicht zu verantworten hatte, gescheitert war, bewarb er sich bei der Futura Hanse GmbH für dieselbe Aufgabe. Aber auch hier fehlte die Plattform für seine Arbeit, nämlich eine passende ERP-Software. Deshalb war seine Freude groß, als er von dem anstehenden ERP-Projekt hörte.

Noch größer ist nun allerdings seine Überraschung, als Frau Orga ihm offenbart, dass er dafür der verantwortliche Projektleiter sein soll.

„Sie sind genau die richtige Person dafür. Sie sind jung und haben keine Berührungsängste mit neuer Software und sie kennen sich mit Zahlen aus", macht sie ihm Mut.

„Aber ich habe keine Erfahrung bezogen auf IT-Projektleitung und schon gar nicht in diesem Umfang. Man hört ja so einiges über solche Implementierungsprojekte…", argwöhnt er.

„Das muss ja nun nicht für unser Projekt zutreffen. Außerdem, können Sie ihren eigentlichen Job erst so richtig ausüben, wenn die ERP-Software eingeführt ist. Als Projektleiter haben sie den Überblick und können ihre Controlling-Anforderungen gleich optimal abbilden lassen. Herr Speicher wird ihnen unterstützend zur Seite

stehen. Er ist ihr Stellvertreter in diesem Projekt. Außerdem müssten sie im Moment ja auch noch etwas Luft für diese Aufgabe haben. Im Übrigen können sie sich mit dieser Aufgabe hervorragend profilieren", gibt sie lächelnd zu bedenken.

Tatsächlich hat Herr Klarsicht derzeit eine sehr überschaubare Arbeitsauslastung und deshalb will er das Thema nicht weiter stressen.

Mehr überredet als überzeugt verlässt er als frisch gebackener ERP-Projektleiter Frau Orgas Büro, unschlüssig ob er angesichts der Aufgabe lachen oder weinen soll.

Es ist nicht die beste Idee, jemanden zum Projektleiter zu bestimmen, weil er noch nicht voll ausgelastet ist. Aber es kommt nicht gerade selten vor, dass es genauso abläuft. In jedem Falle wäre es sinnvoll, Herrn Klarsicht zumindest auf eine Projektleiterschulung zu schicken, damit er wenigsten eine grobe Vorstellung von seiner neuen Aufgabe bekommt.

Am Mittwoch hat Frau Orga die Liste mit den Namen der Key User vollständig vorliegen und leitet sie an Herrn Klarsicht weiter. Der hat sich inzwischen mit den Verträgen vertraut gemacht und festgestellt, dass sie ihm keine echte Hilfe sind. Auch Herr Speicher hat sich bezüglich der Verträge eher bedeckt gehalten. Ansonsten war er aber sehr hilfsbereit.

Für den kommenden Montag ist der offizielle Projektstart zusammen mit der Sieger Consult geplant.

Natürlich lassen wir uns das nicht entgehen und sitzen in der ersten Reihe.

5.2 Die Berater kommen

An diesem Montagmorgen wird es richtig voll im großen Besprechungsraum der Futura Hanse GmbH. Die Projektleitung der Sieger Consult hat alle beteiligten Berater mitgebracht und seitens der Futura Hanse GmbH sind alle Abteilungsleiter und deren Key User anwesend.

Frau Orga, Herr Klarsicht und Herr Speicher eröffnen das Meeting. Anschließend hält die Projektleiterin der Sieger Consult, Frau Jasmin Zugleich, eine Präsentation zum Projektvorgehen und stellt dabei die Berater für die einzelnen Fachbereiche vor.

Anfangs wird jeder Berater mit der ihm zugeordneten Fachabteilung Workshops durchführen, in denen die Prozesse und Funktionen der Fachabteilung detailliert aufgenommen und besprochen werden. Diese Workshops sollen dem Aufbau eines besseren gegenseitigen Verständnisses dienen.

Parallel dazu wird Frau Zugleich zusammen mit der IT-Abteilung für die Installation eines Demo-Systems sorgen. Dieses System dient dazu, dass die Key User und Berater eine Plattform haben, um Funktionen zu zeigen und auszuprobieren.

Außerdem soll auch gleich eine Kommunikationsplattform für die Projektkommunikation und zur Ablage von Projektunterlagen aufgebaut werden.

Recht schnell wird klar, dass für die Projektdauer die Raumressourcen der Futura Hanse GmbH komplett ausgeschöpft werden. Ein Raum wird für die Berater der Sieger Consult gebraucht, dann jeweils Besprechungsräume für die Workshops mit den Fachabteilungen, außerdem ein großer Schulungsraum, in dem entsprechende Hardware zur Verfügung steht und in dem später auch die Tests stattfinden können.

„Wir müssen einen Projektplan aufbauen", sagt Herr Klarsicht zu Frau Zugleich.

„Einen grundsätzlichen Projektplan habe ich bereits vorbereitet, aber den müssen wir noch an die Futura Hanse GmbH anpassen", stimmt Frau Zugleich zu.

Darüber ist Herr Klarsicht froh, weil er keine genaue Vorstellung von einem Projektplan speziell für ein ERP-Projekt hat.

Die Jahre 2020 und 2021 haben gezeigt, dass ERP-Projekt auch „Remote" eingeführt werden können. Hierbei entfällt natürlich die räumliche Belastung des Unternehmens. Allerdings verlängert sich die Kennenlernphase der Projektbeteiligten. Remote-Projekte setzen viel „Good Will" und großes gegenseitiges Vertrauen voraus. Wenn man sich aber erstmal aufeinander eingestellt hat, können sie zu einer sehr interessanten und vor allem positiven Erfahrung werden.

Sicher ist, dass die Zeiten der reinen „Vor Ort"-Beratung vorbei sind. Sicherlich wird es zukünftig wieder möglich sein mehr Vor-ort-Termine zu machen, zum Beispiel wenn wichtige Milestones erreicht wurden. Aber es hat sich auch gezeigt, dass Projekte ebenso erfolgreich sein können, wenn die „Vorort"-Präsenz der Projektbeteiligten nur gering war.

Aber zurück zum Thema Projektplan bzw. zu den Projektphasen.

Wie auch immer das einzelne Beratungsunternehmen die Projektphasen benennt, der Inhalt dieser Phasen ist wichtig. Deshalb sollten wir die wesentlichen Inhalte kurz reflektieren.

Fangen wir mit dem Projektaufbau an:

1. Es muss klar sein, wer das Projekt auf Kunden- und auf Beraterseite führt.
2. Jedem Key User muss ein Berater zur Seite stehen. Betreut ein Berater mehrere Fachabteilungen sind Engpässe vorprogrammiert.

3. Es ist sinnvoll von vornherein festzulegen, wie bei einer **fachlichen** Eskalation zu verfahren ist, um schnellstens eine Lösung zu finden.

Der Projektplan definiert den Projektablauf und ist normalerweise in unterschiedliche Phasen mit weiteren Unterpunkten gegliedert.

5.3 Die Projektphasen

Ein ERP-Implementierungsprojekt gliedert sich in mehre unterschiedliche Projektphasen.

5.3.1 Initialisierungsphase: Wir haben einen Plan von dem was wir tun, oder?

1. Erstellung der Projektaufbauorganisation.
   In einem Organigramm wird dargestellt, wer welche Verantwortung im Projekt trägt. Dabei steht die Geschäftsführung (oder jemand aus dem C(hief)-Level) grundsätzlich ganz oben, danach kommt die Projektleitung anschließend die Teilprojektleitung und dann die Key-User.
   Dieser Aufbau bildet auch gleichzeitig die Struktur des Projektreportings ab Die Key-User berichten an die Teilprojektleiter, diese an die Projektleitung und diese wiederum an die Geschäftsführung.
2. Erstellung des Projektplanes
   Der Projektplan wird in gemeinsamer Arbeit von der internen Projektleitung und der Projektleitung des Beratungshauses er-

stellt und abgestimmt. Er bildet die Projektphasen und die notwendigen Meilensteine zeitlich ab.

3. Definition von Verantwortungen und Zuordnung von Verantwortlichkeiten

   Einige ihrer Mitarbeiter bekommen für die Zeit der Projektimplementierung eine besondere Rolle mit spezieller Verantwortung (zum Beispiel als Key-User). Beides muss klar beschrieben werden, damit die Mitarbeiter wissen, was von ihnen erwartet wird.

4. Darstellung der Projektmethodik

   Beschreibung der Projektphasen und inhaltliche Definition, korrespondierend mit dem Projektplan.

5. Festlegung der Projektkommunikation

   Definition regelmäßiger Meetings und deren Teilnehmerkreis:

   - Projektsteuerungsmeetings (Steering Committee oder Lenkungsausschuss) beziehen die Geschäftsführung mit ein.
   - Jour Fixe gipfelt auf Projektleitungsebene
   - Abteilungsmeeting auf Teilprojektleiterebene
   - …

6. Sinnvoll ist der Einsatz einer gemeinsamen Kommunikationsplattform, wie zum Beispiel Sharepoint o.ä., auf der wichtige Projektdokumente, wie Protokolle, Beschlüsse, Konzepte etc. für alle Projektbeteiligten zugänglich abgelegt werden.

7. Installationen von Demo- und Test-Systemen

8. Klärung der Raumsituation

9. …

Diese Vorbereitungen finden in der Initialisierungsphase statt, um einen reibungslosen Projektstart zu gewährleisten.

5.3.2 Stamm- und Steuerungsdatenphase: Eine gute Basis ist wichtig

In dieser Phase wird den Key Usern erklärt, welche Daten im System hinterlegt werden müssen, um später Geschäftsprozesse durchführen zu können.

Man unterscheidet dabei Stammdaten und Steuerungsdaten.

- Stammdaten (Beispiele):
  - Businesspartner (Debitoren, Kreditoren)
  - Artikelstammdaten (Einkauf, Verkauf)
  - Mitarbeiterstammdaten (User)
  - Zahlungskonditionen
  - Sachkontenplan
  - Kostenstellenplan
  - Kostenträgerplan
  - Bankverbindungen
  - …
- Steuerungsdaten (Beispiele):
  - Umsatzsteuer-Schlüssel
  - Kontenzuordnung
  - Artikelhierarchien
  - Länderkennzeichen
  - …

Es gibt in einem ERP-System hunderte von Stamm- und Steuerungsdaten. Diese Daten legen fest, wie das System später arbeitet. Sie werden einmal festgelegt und müssen danach nur noch in Ausnahmefällen geändert werden. Deshalb ist es aber auch von größter Wichtigkeit, dass die Key User verstanden haben, welche Funktionen hinter den einzelnen Einstellungen stehen.

Außerdem muss in dieser Phase die zukünftige Unternehmensstruktur erarbeitet werden, weil sie Einfluss auf die Einstellung der Stammdaten hat.

Ich gebe ihnen ein paar Beispiele:

1. Wenn ich mehrere Unternehmen abbilden will, kann es sinnvoll sein, von vornherein eine Holdingstruktur einzurichten. Die Holding steht dann über den operativ tätigen Gesellschaften. Da sie ausschließlich übergeordneten Reporting-Zwecken dient, benötigt sie natürlich andere Stammdaten, als die operativ tätigen Gesellschaften.

2. International arbeitende Unternehmen haben oft ebenfalls international arbeitende Kunden. Hier bietet es sich an, bestimmte Stammdaten zentral zupflegen (zum Beispiel Kundendaten, Artikel- und Preisinformationen, …), um immer zeitnah auf dem neuesten Stand zu sein.

3. Konsolidierungs- und Reporting-Strukturen sollten einheitlich so angelegt werden, dass sie das Konzern- bzw. Unternehmensreporting ideal abbilden. Dadurch sinkt Aufwand für die Berichterstattung, Abstimmarbeiten werden minimiert, der Informationsfluss wird beschleunigt und die Fehlerquote sinkt.

4. Abbildung von Intercompany Prozessen:
   Die Muttergesellschaft liefert an die Tochtergesellschaft und umgedreht, oder/und die Tochtergesellschaft liefert an eine weitere Tochtergesellschaft, …

Dies sind nur einige Beispiele für Themen, die bereits in der Anfangsphase des Projektes berücksichtig werden müssen, weil sie weitreichenden Einfluss auf die Struktur der Abbildung des Unternehmens in der ERP-Software haben.

Aber Schluss mit diesen „langweiligen" Themen.
Was macht die Futura Hanse GmbH inzwischen?

Frau Zugleich ist eine erfahrene Projektleiterin und deshalb arbeitet sie zusammen mit Herrn Klarsicht einen detaillierten Projektplan aus. Der Plan beinhaltet die Meilensteine zu denen bestimmte Ziele erreicht werden müssen und stellt die Projektphasen mit ihren jeweiligen Inhalten dar. An die Meilensteine können zum Beispiel auch Zahlungen geknüpft sein, soweit eine Abnahme durch die Futura Hanse GmbH erteilt wurde. Außerdem fixieren die beiden Projektleiter Termine für das projektinterne Reporting der Fachabteilungen. Hinzu kommen ebenfalls feste Termine für den Lenkungsausschuss, der sich im Minimum aus der Geschäftsführung des Kunden und einem verantwortlichen Vertreter des Beratungshauses, sowie der Projektleitung zusammensetzt.

„Ich finde unser gemeinsames Vorgehen wirklich gut, aber ich verstehe nicht so ganz, warum wir das Ende der einzelnen Projektphasen nicht sofort terminlich festschreiben können?", fragt Herr Klarsicht.
„Wir geben diesen vorläufigen Projektplan zuerst an die einzelnen Fachabteilungen. Die können ihn mit ihrer eigenen Ressourcenplanung abgleichen und uns Feedback geben. Wir arbeiten dann die Änderungen ein bzw. hinterfragen eventuelle Ausreißer. Erst danach veröffentlichen wir den Projektplan im Lenkungsausschuss und machen ihn damit für alle Beteiligten verbindlich," erklärt Frau Zugleich.

Das Vorgehen von Frau Zugleich ist absolut zielführend. Nur durch eine gute zeitliche Abstimmung zwischen dem Projekt und den involvierten Fachabteilungen kann das erfolgreiche Erreichen von Milestones gewährleistet werden.

Parallel zu den Arbeiten der Projektleitung haben die Berater die ersten Workshops mit den Fachabteilungen gestartet.

Wir horchen mal in den Einkaufsworkshop hinein.

„Um einen Businesspartner einzurichten, müssen wir Kunden- und Lieferantenstammdaten anlegen," erklärt der zuständige Berater, Holger Zeigich, gerade. „Der Businesspartner kann nämlich beides sein und deshalb gibt es einen gemeinsamen Stammdatenbereich."

„Moment mal, wieso soll der Einkauf Kundendaten anlegen. Das können wir doch gar nicht", insistiert Ilka Such, Key Userin der Einkaufsabteilung.

„Da haben sie Recht und deshalb werden die Felder, die den Kunden betreffen durch den Verkauf gepflegt. Das kann man über Berechtigungen und entsprechende Workflows steuern", erklärt Herr Zeigich.

„Das ist aber unübersichtlich. So viele Felder. Das war in unserer alten Software viel einfacher. Außerdem hat die Buchhaltung für uns die Kunden- und Lieferanten angelegt. Dazu gibt es extra ein Formular. Wir haben gar keine Zeit das alles selber zu machen. So können wir damit nicht arbeiten", moniert Frank Brauch, der Chef des Einkaufs.

„Na ja, wer was einpflegt kann ja nochmal in einem gesonderten Workshop abgestimmt werden. Ich zeige ihnen einfach erst einmal, was die Software für Funktionen hat."

Herr Zeigich fährt fort und ist froh, dass keine weiteren Anmerkungen kommen.

Diese Reaktionen sind nicht untypisch für die Anfangsphase eines Implementierungsprojektes. Der Mensch ist ein Gewohnheitstier und reagiert auf Änderungen meist eher verhalten.

Die Anmerkung: „Das war in unserer alten Software aber einfacher" stimmt sogar oftmals. Vor allem, wenn das Unternehmen noch keine ERP-Software im Einsatz hatte, sondern eine speziell für das Unternehmen angepasste Individuallösung. Diese Lösungen sind oftmals komfortabler. Außerdem sind die User darauf eingearbeitet und nehmen eventuelle Nachteile gar nicht mehr wahr.

An dieser Stelle müssen wir kurz die Perspektive wechseln und rekapitulieren, welche Ziele eine Geschäftsführung mit der Entscheidung eine ERP-Software einzuführen, verfolgt.

Beispielsweise:

1. Vereinfachung des IT-Betriebes durch die Auflösung alter Software-Insellösungen mit vielen störungsanfälligen und pflegeaufwändigen Schnittstellen
2. Verminderung der Lizenzkosten für diverse Softwareprodukte incl. der notwendigen Supportverträge
3. Durchsetzung eines wirksamen Berechtigungskonzeptes.
4. Verbesserung der Reportingfähigkeit und -geschwindigkeit
5. Senkung der IT-Betriebskosten (Total Cost of Ownership)
6. Erhöhung der IT-Sicherheit (zum Beispiel verbesserter Zugriffschutz, Verringerung der Angriffsfläche…)
7. Digitalisierung
8. …

ERP-Systeme sind sehr komplex, damit sie möglichst alle Prozesse, die in den unterschiedlichsten Unternehmen vorkommen, abbilden können. Entsprechend müssen viele Parameter und Stammdaten zur Abdeckung der individuellen Bedürfnisse des einzelnen Unternehmens eingerichtet werden. Die meisten Einstellungen und Pflegemaßnahmen werden aber nur einmalig im Laufe der Implementierung vorgenommen und sind deshalb für den Standardbetrieb der Systeme zeitlich absolut unkritisch. Diese Überlegungen müssen auch den Key Usern erklärt werden, damit sie wissen was auf sie zukommt und dass es sich für das Unternehmen insgesamt lohnt, auch wenn es in Einzelfällen hin und wieder etwas komplexer wird.

Die Stammdatenpflege eines Businesspartners erfolgt in einer modernen ERP-Software beispielsweise durch mehrere Abteilungen. Grundregel ist, dass jeder nur die Daten und Einstellungen pflegen soll, die er auch verantwortet. Die Zuweisung der zu pflegenden Felder an die verantwortliche Abteilung und deren Mitarbeiter erfolgt dann idealerweise über hinterlegte Workflows und ein adäquates Genehmigungsverfahren.

Dazu gebe ihnen wieder ein Beispiel:
Der Einkauf soll die Daten eines neuen Lieferanten pflegen, weil er den ersten Kontakt mit ihm hat. Die Bankverbindung darf er aber nicht pflegen, weil das
zu einem Segregation of Duties (SoD) Konflikt führen würde. Diese Stammdaten gibt deshalb die Buchhaltung ein.
Sobald der Lieferant durch den Einkauf angelegt wurde, wird ein Workflow ausgelöst, der die Buchhaltung auffordert die zugehörige Bankverbindung zupflegen. Aber warum ist so ein Aufwand nötig? Das Stickwort heißt „internes Kontrollsystem", kurz IKS.
Es soll vermieden werden, dass ein Einkäufer einen fiktiven Lieferanten anlegen kann, dann auch noch seine eigene Bankverbindung hinterlegt, anschließend eine Bestellung anlegt, den Lieferungs- oder Leistungseingang bestätigt und abschließend die Eingangsrechnung prüft und deren Zahlung genehmigt. Durch diesen Vorgang würde das Unternehmen einen Vermögensschaden erleiden. Das ist ein wichtiger Grund dafür, dass Stammdatenpflege immer im Vieraugenprinzip stattfinden muss, um das Unternehmen vor solchen Vermögensschäden zu schützen. Für ein funktionierendes internes Kontrollsystem ist die Geschäftsführung verantwortlich.
In einem kleineren Unternehmen mit geringem Einkaufsvolumen würde so ein Sachverhalt vielleicht zeitnah aufgedeckt. Mein Beispiel stammt aus einem großen Konzern und wurde erst nach vielen

Jahren durch einen Zufall aufgedeckt. Dabei entstand ein Vermögensschaden in Millionenhöhe.

In den folgenden Wochen sitzen alle Projektbeteiligten bei der Futura Hanse GmbH viele Male zusammen und diskutieren die unterschiedlichsten Sachverhalte.
Die Thematik Stammdaten wird intensiv behandelt, viele Absprachen werden getroffen und später wieder verworfen. Inzwischen haben die Key User kaum noch Motivation an den ständigen Workshops teilzunehmen und die Projektstimmung verschlechtert sich zusehends.
Wir hören mal hinein.

„Wir haben schon tausend Sachen besprochen, aber noch nichts in der Software gesehen. Langsam glaube ich gar nicht mehr, dass die Software das überhaupt alles kann, was uns erzählt wird. Außerdem wissen wir schon gar nicht mehr, was wir alles beschlossen haben."

So der einheitliche Tenor der Key User.

Was ist denn jetzt passiert?
Ich halte persönlich sehr viel davon, mit den Key Usern so schnell es geht direkt mit der Software zu arbeiten. Die Key User lernen die Software dabei anhand von Beispielen langsam kennen und können sukzessive ein Gefühl für die Bedienung aufbauen. Das alles entfällt, wenn ständig nur Workshops durchgeführt werden. Workshops sind notwendig, keine Frage, aber sie müssen dazu dienen Entscheidungen zu treffen.
Meine Empfehlung ist es, für jeden Workshop ein Ziel zu definieren und über die notwendigen Entscheidungen ein Ergebnisproto-

koll anzufertigen. Das Protokoll wird während des Workshops gemeinsam angefertigt und abgestimmt.

Dazu wird vorher eine Person bestimmt, die das Ergebnisprotokoll schreibt. Es werden nur die Ergebnisse notiert, nicht der Weg oder die Diskussion dahin.

Wird eine Entscheidung getroffen, formulieren die Workshop-Teilnehmer gemeinsam den Ergebnistext, den der Protokollant niederschreibt.

Am Ende des Workshops werden alle Ergebnispunkte noch einmal verlesen und das Protokoll gemeinsam verabschiedet. Anschließend kann es in der Kommunikationsdatenbank abgelegt werden und steht allen Teilnehmern unmittelbar zur Verfügung.

Dieses Verfahren hat folgende Vorteile:

- Es ist allen Teilnehmern klar, um welche Entscheidungen es bei dem Workshop geht
- es gibt keine ergebnislosen Workshops mehr
- niemand geht mit der undankbaren „Hausaufgabe" aus dem Meeting, noch ein Protokoll schreiben zu müssen.
- der Inhalt des Protokolls ist gemeinsam verstanden und im Konsens verabschiedet worden
- das Protokoll steht sofort zur Verfügung
- Ältere Protokolle können zum Nachschlagen genutzt werden
- Die Arbeitsergebnisse sind gesichert und gehen nicht mehr verloren

Noch ein paar Gedanken zum Thema Stammdaten, die in der Praxis fast immer eine Rolle spielen.

Das Unternehmen sollte die Chance nutzen, seine Stammdaten zu bereinigen, bevor diese Daten in die neue ERP-Software übertragen werden. Die Bereinigung sollte unbedingt im alten System stattfinden. Ansonsten gilt der alte Spruch: „Shit in, Shit out!"

Nicht mehr gültige Debitoren und Kreditoren sollten bereinigt werden. Dasselbe gilt für Anlagestammdaten, alte Kostenstellen, alte Kostenträger, etc.

Hierbei sind aber die Aufbewahrungsfristen zu beachten. Insofern sollten sie rechtzeitig über ein entsprechendes Archivierungskonzept für ihr Altsystem nachdenken.

Und schon geht es bei der Futura Hanse GmbH weiter

5.3.3 Bewegungsdatenphase

„Heute wollen wir einen Einkaufsprozess durchsprechen", erklärt der Berater, Matthias Kannich, den Workshop-Teilnehmern.

„Ich habe vorher noch eine Frage", meldet sich Frau Such, Key Userin der Abteilung Einkauf.

„Warum sitzen die Kollegen aus der Produktion und der Finanzbuchhaltung auch in diesem Workshop. Ich denke es geht um den Einkauf?"

„Sie müssen ab jetzt in kompletten Geschäftsprozessen denken und nicht in Abteilungsfunktionen. Die Logik einer ERP-Software ist auf Abläufe abgestellt und zieht deshalb keine Zäunchen beim Wechsel der Zuständigkeitsbereiche", erklärt ihr Herr Kannich.

„Was wollen sie damit sagen?" fragt Frau Zahlreich aus der Buchhaltung leicht pikiert.

„Ich will damit sagen, dass wir bei der Besprechung der Geschäftsprozesse grundsätzlich alle beteiligten Abteilungen an einem Tisch haben müssen. Ansonsten können wir keine validen Entscheidungen treffen. Nehmen wir zum Beispiel den Beschaffungsprozess. Womit beginnt der Beschaffungsprozess in ihrem Haus?", fragt Herr Kannich in die Runde.

„*Mit einer Bestellung*", *ist die prompte Antwort von Frau Such.*

„*Nein, er beginnt eigentlich mit einem Bedarfsauslöser. Das ist zum Beispiel ein Rohstoffbedarf in der Produktion*", *erklärt Frau Baubar, die Leiterin der Produktionsabteilung.*

„*Genau. Wie geht es dann weiter?*", *nickt Herr Kannich.*

„*Dann bestellen wir auf einen Rahmenvertrag bei unserem Haupt-lieferanten*", *meldet sich wieder Frau Such zu Wort.*

„*Anschließend bekommen wir die Ware, kontrollieren die Menge und die Unversehrtheit und lagern sie anschließend ein. Den Lie-ferschein geben wir weiter an den Einkauf*", *erklärt Fred Stock, der Key User der Logistikabteilung.*

„*Den Lieferschein lege ich dann zur Bestellung und warte auf die Eingangsrechnung. Wenn die Rechnung kommt, vergleiche ich den Preis und stempele den Vorgang als „sachlich geprüft". Das alles geht dann an die Buchhaltung,*" *erläutert Frau Such den Ablauf weiter.*

„*Wir prüfen, ob der Stempel „sachlich geprüft" auf der Rechnung steht und buchen anschließend den Rechnungsbetrag, die Verbind-lichkeit, die Vorsteuer und die Lagerbestandserhöhung. Zum Fäl-ligkeitstermin wird die Rechnung dann unter Skontoabzug be-zahlt*", *beendet Frau Zahlreich aus der Buchhaltung die Erklärung des Prozessablaufes.*

„*Das war klasse, wie sie die einzelnen Prozessschritte gemeinsam dargestellt haben. Sie sehen allein bei diesem Geschäftsprozess sind vier Abteilungen beteiligt: Produktion, Einkauf, Logistik und Buchhaltung*", *zählt Herr Kannich auf.*

Anhand dieses Beispiels können nun alle erkennen, was mit der Aussage „in Geschäftsprozessen denken" gemeint ist.

„*Ich zeige Ihnen jetzt, wie wir diesen Prozess noch stärker digitali-sieren können und welche Unterstützungsoptionen ihnen das Sys-tem zusätzlich anbietet*" *ergänzt Herr Kannich.*

Bewegungsdaten sind Daten, die durch Prozessabläufe im Unternehmen entstehen. Diese Daten werden entsprechend der hinterlegten Stamm- und Steuerungsdaten durch das ERP-System verarbeitet und abgespeichert.

Es gibt in Unternehmen normalerweise die folgenden zwei Hauptprozesse:

1. Order to Cash (OtC) Prozess (Umsatzprozess)
   Der Order to Cash Prozess, beschreibt den Prozess von der Kundenbestellung bis zur Zahlung durch den Kunden.

2. Purchase to Pay (PtP) Prozess (Beschaffungsprozess)
   Der Purchase to Pay Prozess, beschreibt den Prozess von der Einkaufsbestellung bis zur Zahlung an den Lieferanten. Hier werden Lieferungen aus In- und Ausland unter Steueraspekten gesteuert, aber auch Rahmenverträge mit Lieferanten einbezogen. Dabei kann das ERP-System automatisiert Bestellvorschläge erstellen, zum Beispiel wenn Mindestbestände im Lager unterschritten werden, etc.

Die entstehenden Bewegungsdaten (Rechnungsbeträge brutto und netto, Umsatzsteuer, Vorsteuer, offene Posten, etc. werden automatisiert auf die, in den Stammdaten hinterlegten Buchhaltungskonten gebucht. Innerhalb dieser Geschäftsprozesse sind idealerweise keine manuellen Buchungen mehr notwendig. Damit ist die Gefahr von Buchungsfehlern oder manipulativen Zugriffen weitgehend gebannt.

Je sicherer diese beiden Prozesse in ihrem Unternehmen ablaufen, desto weniger Rückfragen bekommen sie durch die Wirtschaftsprüfer beim Jahresabschluss oder die Betriebsprüfer des Finanzamts.

Die Paragraphen § 238 HGB Allgemeine Buchführungspflichten, § 257 HGB Aufbewahrung von Unterlagen, § 147 AO Ordnungsvorschriften für die Aufbewahrung von Unterlagen und die Grundätze zur ordnungsgemäßen Führung und Aufbewahrung von Büchern, Aufzeichnungen und Unterlagen in elektronischer Form sowie zum Datenzugriff (GoBD) sind hier maßgeblich.

Weiter im Workshop der Futura GmbH.

„So ein Rohstoffbedarf kann schon bei der Produktionsplanung ermittelt und automatisch als Bestellanforderung an den Einkauf weitergeleitet werden. Der Einkauf kontrolliert die Daten am Monitor und gibt dann die Bestellung nur noch frei", referiert Herr Kannich.

„Wenn sie diese Daten anschließend auch noch elektronisch an den Lieferanten übermitteln, sind wir im Thema Digitalisierung angekommen", ergänzt er noch.

„Aber woher kennt das System den Lieferanten und den Rahmenvertrag?", fragt Herr Brauch.

„Für den Rohstoff ist der Hauptlieferant und ggf. der korrespondierende Rahmenvertrag im System hinterlegt", antwortet Herr Kannich.

„Bei Anlieferung wird die Ware nach der Prüfung auf Vollständigkeit und Unversehrtheit mit Hilfe eines Barcodescanners oder am Bildschirm als Wareneingang erfasst. Dabei wird automatisch die Bestandserhöhung gebucht", führt er die Darstellung des Ablaufs fort.

„Moment, die Leute im Lager können unmöglich in den Beständen herumbuchen. Das ist ja wohl die Aufgabe der Buchhaltung. Die kennen doch die Konten gar nicht. Wie soll dann jemals wieder eine Inventur stimmen", platzt Frau Zahlreich heraus.

„Für jede Bewegung innerhalb eines Prozesses sind in der Software Konten hinterlegt, die vorher mit der Buchhaltung abgestimmt wurden. Ein bestimmter Prozessschritt löst eine vordefinier-

te Buchung auf vordefinierte Konten aus. Niemand bucht hier direkt manuell in der Software."

Frau Zahlreich ist zwar etwas irritiert, hört Herrn Kannich aber weiterhin interessiert zu.

„Der Wareneingang ist sofort im Einkauf zu sehen, so dass die Kollegen dort informiert sind. Sobald dann die Eingangsrechnung eingeht, wird sie erfasst und der Bestellung zugeordnet. Dabei wird automatisch der Bestellwert abgeglichen. Die Rechnung wird am System geprüft und danach automatisch gebucht."

Jetzt ist es um Frau Zahlreich geschehen.

„Aber dann bucht ja der Einkauf und wieder nicht die Buchhaltung", bringt sie hervor.

„Das stimmt, aber auch hier werden bei der Einrichtung der Software, zusammen mit der Buchhaltung, die passenden Konten hinterlegt auf die bei diesem Prozess automatisch gebucht wird. In der Buchhaltung werden regelmäßig Zahlungsläufe angestoßen und dazu werden die fälligen Rechnungen selektiert. Aus der Selektion der fälligen Rechnungen wird eine Zahlungsvorschlagsliste generiert. Diese Liste können sie dann abschließend bearbeiten, überprüfen und dem Bankkonto zuordnen, von dem die Zahlung durchgeführt werden soll. Danach wird der Zahlungslauf durchgeführt", beendet Herr Kannich den Ablauf seine Ausführungen.

Frau Zahlreich ist halbwegs erschüttert und noch nicht überzeugt, aber sie spürt deutlich, dass mit Einführung der ERP-Software eine neue Ära beginnt.

Ich hoffe, dass sie das Prozessbeispiel nicht gelangweilt hat. Aber so werden die zahlreichen Prozesse und ihre Varianten für die Abbildung in einer ERP-Software durchgesprochen. Wenn das Unternehmen bereits seine wesentlichen Geschäftsprozesse im Vorfeld des Projektes dokumentiert hat, kann man in dieser Phase sehr gut auf die geleistete Arbeit zurückgreifen und spart bei der Detaillierung viel Zeit. Nachdem alle wesentlichen Geschäftsprozesse definiert und in die ERP-Software implementiert wurden, können sie getestet werden.

Dazu kommen wir etwas später.

5.3.4 Schnittstellenanalysephase … um Kontakt zu halten

Die meisten Unternehmen möchten mit der Einführung einer ERP-Software die Anzahl der im Einsatz befindlichen unterschiedlichen Softwareprodukte reduzieren, um dadurch Lizenzkosten, Supportkosten usw. einzusparen. In der Regel werden Daten zwischen diesen einzelnen Softwareprodukten über Schnittstellen ausgetauscht. Schnittstellen sind oft der Schwachpunkt in einer IT-Systemlandschaft. Sie müssen ständig überwacht werden, um zu gewährleisten, dass alle Daten vollständig, richtig und zeitgerecht übertragen werden. Außerdem müssen sie ggf. angepasst werden, wenn sich die Software auf der einen oder der anderen Seite durch Release- oder Versionswechsel verändert. Langer Rede kurzer Sinn: Je weniger Schnittstellen im Einsatz sind, desto zuverlässiger und unkomplizierter ist die IT-Landschaft.

Durch die Implementierung einer ERP-Software werden viele Schnittstellen nicht mehr benötigt, weil die Prozesse komplett innerhalb dieser einen Software abgebildet werden können. Allerdings wird man trotzdem nicht ganz ohne Schnittstellen auskommen. Speziell in Deutschland werden Lohn und Gehaltsabrechnungssysteme in der Regel über eine Schnittstelle angebunden. Schnittstellen zu Banken oder Währungskurslieferanten, wie der Europäischen Zentralbank werden ebenso benötigt, wie zu speziellen Zollsystemen, um nur ein paar Beispiele zu nennen. Bei einer

ERP-Software handelt es sich grundsätzlich um Standardsoftware, die so spezielle Themen wie Lohn- und/oder Gehaltsabrechnungen, Zollmodalitäten und ähnliches in der Regel nicht abbildet. Durch die hohe Änderungsdynamik dieser Bereiche, ist es sinnvoller auf Softwareanbieter zurückzugreifen, die sich auf die fachliche Verfolgung der gesetzlichen Auflagen und deren Umsetzung spezialisiert haben. Die ERP-Software liefert die notwendigen Daten über Schnittstellen an diese Spezialsysteme.

Wie geht unserer Futura Hanse GmbH in ihrem Projekt mit dieser Thematik um?

Gerade fragt Herr Speicher seinen Mitarbeiter Tom Draht nach dem Stand der Vorbereitungen und wir sind wieder dabei.

„Tom wie weit bist du mit den Schnittstellen?"
„Ich habe einen Plan unserer bestehenden Systemlandschaft erstellt. Hier ist jede Software dargestellt mit der wir arbeiten. Außerdem zeigt der Plan alle derzeit vorhandenen Schnittstellen."
„Wie viele Schnittstellen haben wir derzeit in Betrieb?"
„Dazu habe ich eine Excel-Liste erstellt. Es sind über 70 Schnittstellen."
„Ich hätte nicht gedacht, dass es so viele sind. Gut, dass wir jetzt den Überblick haben."
„Dann habe ich die neue Systemlandschaft dargestellt, wie sie nach der ERP-Implementierung aussehen wird. Danach haben wir nur noch 25 Schnittstellen."
„Hast Du dafür auch eine Excel-Liste erstellt?"
„Ja, ich unterscheide dabei Schnittstellen, die die ERP-Software von extern mit Daten versorgen, man sagt dazu unidirektional, zum Beispiel Währungskurse und Schnittstellen in denen die Daten in

beide Richtungen fließen, also bidirektional, zum Beispiel Lohn und Gehaltsabrechnungssoftware. "

„Ok, ich sehe, dass du jeder Schnittstelle eine eigene Nummer gegeben hast. "

„Ja, dann können wir sie leichter auseinanderhalten, besser den Fortschritt bei der Umstellung verfolgen und wissen immer genau über welche Schnittstelle wir reden. "

„Gut, damit sollten wir für die Workshops mit den Fachabteilungen bestens aufgestellt sein. "

„Der Junge leistet gute Arbeit", denkt Herr Speicher zufrieden.

Der Meinung bin ich ebenfalls.

Schnittstellen sind ein eher technisches Thema. Allerdings funktioniert die Bearbeitung von Schnittstellen nur bei guter Zusammenarbeit zwischen den Fachabteilungen und der IT-Abteilung. Falls eine Schnittstelle falsche oder unvollständige Daten liefert, kann das im Regelfall nur die Fachabteilung feststellen und gibt anschließend die entscheidenden Hinweise an die IT-Abteilung. Außerdem müssen bidirektionale Schnittstellen immer einer zweiseitigen Betrachtung unterzogen werden. Im ersten Schritt muss geprüft werden, ob die aus der ERP-Software gelieferten Daten vollständig, richtig und zeitgerecht im nachgelagerten System ankommen. Nach der Verarbeitung im nachgelagerten System muss im zweiten Schritt geprüft werden ob die Daten die in die ERP-Software zurückübertragen werden, auch wieder vollständig und richtig sind.

Das war jetzt zwar ein bisschen technisch, aber Schnittstellen werden oftmals etwas „stiefmütterlich" behandelt und das birgt große Risiken, weil durch fehlende, falsche oder nicht zeitgerecht übermittelte Daten das Zahlenwerk des Unternehmens empfindlich verfremdet werden kann.

Stellen sie sich vor, dass sie mit dem Kreditsachbearbeiter ihrer Bank über einen Investitionskredit verhandeln und dabei ihre neueste Gewinn- und Verlustrechnung und ihre Monatsbilanz vorgelegt haben. Als sie später wieder in ihrem Unternehmen sind, kommt ihr Buchhaltungsleiter auf sie zu und erklärt, dass beide Unterlagen nicht stimmen, weil Daten unbemerkt in einer Schnittstelle hängen geblieben sind. Alles kein Problem, wenn die Ergebnisse in den neuen Unterlagen besser aussehen, aber meistens gilt ja „Murphy`s Law" und sie befinden sich schlagartig in einem Erklärungsnotstand gegenüber der Bank und das „nur" wegen einer Schnittstellenproblematik. Schlimmer ist allerdings, dass die Bank den Eindruck gewinnen könnte, sie hätten ihre Zahlen grundsätzlich nicht im Griff.

5.3.5 Datenmigration: Die „Datenschaufel"

Ein weiteres wichtiges Thema bei der Implementierung einer ERP-Software ist die Übertragung von Stamm- und Bewegungsdaten aus der alten Software in die neue Software. Auch hierzu werden Workshops durchgeführt. Schauen wir mal, ob wir etwas lernen können.

Herr Speicher und ein technischer Berater der Sieger Consult besprechen mit den Key Usern der einzelnen Fachabteilungen die Datenübernahmen.
„Wir müssen die Debitoren und Kreditoren, den Sachkontenplan und die Sachkontensalden übernehmen. Dann noch die ganzen offenen Posten, die Anlagen, ..." zählt Frau Zahlreich aus der Buchhaltung gerade auf.
„Ok, wir wollen uns zuerst auf die Stammdaten konzentrieren. Wir haben festgestellt, dass die neue Software mehr Stammdaten erfor-

dert, als in der alten Software vorhanden sind. Diese fehlenden Daten müssen sie entweder in einer „Zwischendatei" ergänzen oder wir ergänzen sie automatisch mit einer Vorbelegung (default), die dann aber sukzessive aktualisiert werden muss", erklärt der Berater.

„Das habe ich nicht verstanden. Können sie mir ein Beispiel geben?", hakt Frau Zahlreich nach.

„Gern. Sie können in der neuen Software beispielsweise einen Wert pro Kunde hinterlegen, bis zu dem sie ihre Forderungen an ihn abgesichert haben. Im Moment arbeiten sie noch nicht mit einer Forderungsausfallversicherung, deshalb gibt es diesen Wert in ihrer alten Software noch nicht. Die neue Software kann aber ohne einen Wert in diesem Feld nicht arbeiten. Wir können jetzt automatisch bei jedem Kunden einen Wert von 0,-- Euro hinterlegen und sie pflegen dann mit der Zeit den tatsächlichen, mit der Versicherung vereinbarten Wert bei den einzelnen Kunden nach."

„Ok, das habe ich verstanden. Aber wir haben noch ein anderes schwierigeres Problem. Wir haben beschlossen, zukünftig mit einem neuen einheitlichen Kontenplan zu arbeiten. Wie können wir die bisherigen Buchungen auf die neuen Konten übernehmen?"

„Das ist auch kein Problem. Dazu brauchen wir eine sogenannte Überleitungstabelle, die jedem Sachkonto des alten Kontenplans eines aus dem neuen Kontenplan zuordnet. Auf dieser Basis können wir die Kontosalden korrekt auf die richtigen Konten in der neuen Software transferieren. Sie müssen dann nur prüfen, ob auch alles auf den richtigen Konten angekommen ist", erklärt der Berater.

„Ich empfehle ihnen, nur Debitoren und Kreditoren zu übernehmen, mit denen sie tatsächlich noch Geschäfte machen. Dasselbe gilt für Anlagen. Auch hier sollten sie nur die Anlagen übernehmen, die noch aktuell sind", ergänzt er.

„Wie gehen wir mit offenen Aufträgen im Vertrieb um?", fragt Herr Schickich, Key User im Vertrieb.

„Entweder wir übernehmen diese Aufträge in die neue Software oder Sie arbeiten die bestehenden Aufträge noch in der Altsoftware ab und legen ab einem bestimmten Tag die neuen Aufträge direkt in der neuen Software an. Dasselbe gilt übrigens auch für offene Bestellungen und offene Produktionsaufträge, etc. "
Die entsprechenden Key User aus der Produktion und dem Einkauf nicken zustimmend.

Das läuft ja ganz gut in dem Workshop. Wir haben also Stammdaten, die sich nicht schnell oder gar nicht verändern, wie Adressdaten, Zahlungsbedingungen, Mahntexte, Anlagestammsätze, Abschreibungs-methoden, Artikelstammdaten, etc. Dann haben wir einen Kontenplan, der in der neuen Software anders aussehen soll, was aber mit Hilfe einer Überleitungstabelle gelöst werden kann.

Die andere Datenklasse, die übernommen werden muss, sind die sogenannten Bewegungsdaten. Hierbei handelt es sich um dynamische Daten, die sich fortlaufend verändern können. Diese Daten haben keine dauerhafte Gültigkeit. Es handelt sich dabei beispielsweise um offene Forderungen und Verbindlichkeiten, Bestände, Produktionsaufträge, Kontostände, Abschreibungen, etc.

Hier muss festgelegt werden, ab welchem Zeitpunkt diese Bewegungsdaten in die neue Software überführt werden sollen.

Meistens nimmt man ein Jahr rückwirkend, um bei Rückfragen nicht in die Altsoftware schauen zu müssen. Auf diese Weise sind zum Beispiel Monatsvergleiche mit dem Vorjahr möglich.

Generell gilt bei diesen Datenübernahmen, dass sie auf Vollständigkeit und Richtigkeit zu prüfen sind. Dies muss auch den Wirtschaftsprüfern für den Jahresabschluss nachgewiesen werden.

Wie erfolgen eigentlich die Prüfungen, ob alle Daten korrekt migriert wurden?

Ich gebe ihnen ein paar Beispiele:

- Vergleich der Gewinn- und Verlustrechnung (GuV)
  Die GuV aus dem alten System zum Stichtag X wird mit der Gewinn- und Verlustrechnung aus dem neuen System zum Stichtag X abgeglichen. Dies gilt natürlich nur, wenn unterjährig migriert wird oder wenn das Vorjahr mit migriert wird. Oft starten Unternehmen mit dem neuen System zum Beginn ihres neuen Geschäftsjahres. Dann weisen die GuV Konten noch keinen Saldo aus.
- Vergleich der Bilanzen
  Die Abschlussbilanz aus der Altsoftware entspricht der Eröffnungsbilanz der neuen ERP-Software
- Vergleich der Summen und Saldenlisten
  Auch bei einem neuen Kontenplan müssen die Gesamtsalden der Summen- und Saldenlisten in der alten und der neuen Software gleich sein. Ein Abgleich der einzelnen Sachkontensalden ist notwendig.
- Vergleich der Anzahl der Debitoren und Kreditoren
  Prüfung ob die richtige Anzahl an Debitoren und Kreditoren übernommen wurden. Sind die Debitoren und Kreditoren nicht vollständig, kann auch die Übernahme der offenen Posten nicht funktionieren.
- Vergleich der Debitoren- und Kreditorenkonten
  Prüfung der korrekten Übernahme der offenen Posten und der Endsalden
- Vergleich der Anzahl der Anlagen
- Vergleich der Anlagenspiegel
- Vergleich der Anlagenrestwerte
- Vergleich der kumulierten Abschreibungen
- Vergleich der Anzahl der Artikel
- Vergleich der offenen Bestellungen
- Vergleich der offenen Aufträge

- Vergleich der offenen Produktionsaufträge
- Vergleich der Bestandslisten
- …

Sie merken schon, wieviel Arbeit allein die Kontrollhandlungen erzeugen, die notwendig sind, um sicherzustellen, dass ihnen keine Daten verloren gegangen sind.

Genau diese Arbeit wird oft unterschätzt. Dabei müssen diese Prüfungshandlungen sogar mehrfach durchgeführt werden, um sicher zu stellen, dass die Migrationstools korrekt konfiguriert sind.

Unmittelbar zum Produktivstart dienen diese Prüfungshandlungen als Nachweis dafür, dass sie auf eine vollständigen Datenbasis aufsetzen und später tatsächlich korrekte Berichtsdaten und Abschlüsse aus der Software bekommen.

Der Workshop hat gezeigt, wie eng die Fachabteilungen mit der IT-Abteilung zusammenarbeiten. Auf Basis der Ergebnisse dieser Zusammenarbeit kann die IT-Abteilung die Migrationstools passend konfigurieren.

Die Korrektheit der Daten muss aber zwingend von den Fachabteilungen geprüft und direkt vor dem Produktivstart auch bestätigt und damit formal abgenommen werden.

Die Übernahme von Daten kann manuell oder automatisiert erfolgen.

Meistens können Daten aufgrund der schieren Menge nur automatisiert übernommen werden. Der Begriff „automatisiert" legt nahe, dass dadurch wenig Aufwand entsteht. Das ist aber nur bedingt richtig. Bis der passende Automatisierungsgrad erreicht ist, entsteht eine ganze Menge Arbeit.

Der folgende Ablauf soll das verdeutlichen:

1. Die Fachabteilung legt fest, welche Daten übernommen werden sollen

2. Die IT-Abteilung konfiguriert die Migrationstools entsprechend
3. Eine erste Testmigration wird durchgeführt
4. Die Fachabteilungen prüfen, ob das Migrationstool korrekt konfiguriert wurde, indem sie die Vollständigkeit der Daten überprüft.
5. Ggf. muss das Migrationstool nachjustiert werden, weil Fehler aufgetreten sind
6. Eine weitere Testmigration muss durchgeführt werden
7. Die Fachabteilung prüft erneut das Ergebnis
8. …

Dieser Prozess dauert solange, bis alle Daten fehlerfrei migriert werden.

Ab einem bestimmten Datenvolumen ist der Einsatz von Migrationstools unabdingbar und deshalb ist die Zeit gut investiert.

Es gibt aber manchmal auch Datenmengen, bei denen eine Übernahme durch manuelle Eingabe in die neue ERP-Software sinnvoller ist, weil dies am Ende weniger Arbeit erzeugt. Das müssen die Fachabteilungen zusammen mit der IT-Abteilung analysieren und festlegen.

Zu diesem Thema ist es wieder sinnvoll in einen der Workshops hineinzuhorchen.

5.3.6 Anpassungsprogrammierungen: Die Kreativität der Unflexiblen

Gerade höre ich schon die magischen Worte:
*„So, können wir das nicht machen. Das funktioniert bei uns nicht",
erhitzt sich Heide Baubar, die Leiterin der Produktion.*

„Wie ist derzeit ihr Ablauf bei der Produktionsplanung?", fragt der zuständige Berater für den Bereich Produktion, Klaus Nee, nach.

„Wir nehmen alle Kundenaufträge, die wir bis zum Vortag um 12.00 Uhr bekommen haben und planen unter Berücksichtigung der Lagerbestände die Produktionsreihenfolge und welche Aufträge gemeinsam produziert werden können. Dabei versuchen wir die Maschinenkapazitäten optimal auszunutzen."

„Ok, das Vorgehen ist nicht ungewöhnlich. So können wir das auch in der neuen Software abbilden", erläutert Klaus Nee.

„Ja, aber wir haben auch wichtige Kunden, die sich erst am Nachmittag oder sogar am nächsten Morgen melden und deren Aufträge wir dann unbedingt sofort abwickeln müssen. Im Moment nehmen wir dafür geplante Kundenaufträge wieder aus der Planung heraus und ersetzen sie durch diese wichtigeren Aufträge."

„Damit bringen sie aber die komplette Planung durcheinander und das kann zu Fehlern führen. Ganz zu schweigen davon, dass sie nicht zu optimalen Kosten produzieren", wendet Herr Nee ein.

Heide Baubar bekommt einen roten Kopf.

„Junger Mann, das weiß ich auch alles, aber wichtige Kunden müssen wir bevorzugt bedienen und deshalb haben wir gar keine Wahl. Ruckzuck kauft unser Kunde bei der Konkurrenz und wir können uns von der Geschäftsführung etwas anhören", wettert sie.

„So kurzfristig kann die Software darauf nicht mehr reagieren. Wenn sie die Produktionsplanung durchführen, errechnet die Software unter Berücksichtigung der Rohstoffbestände und der optimalen Maschinenauslastung die Produktionsmengen und die Reihenfolge. Gleichzeitig werden Rohstoffe nachbestellt und dabei Mindestbestände, Mindestbestellmengen und die Lieferzeiten berücksichtigt. Das ist ein sehr komplexer Planungsalgorithmus. Wenn sie nach der abgeschlossenen Planung noch einmal eingreifen, kommt es mit Sicherheit zu Problemen", erklärt Herr Nee.

„Dann können wir jetzt abbrechen. Wir brauchen diese Möglichkeit, ansonsten macht das alles keinen Sinn", ereifert sich Frau Baubar.

Herr Nee merkt, dass die Situation aus dem Ruder läuft und beschwichtigt sie.

„Wir können natürlich eine Anpassung programmieren, die einen kurzfristigen Eingriff in die eigentlich abgeschlossene Produktionsplanung trotzdem noch ermöglicht. Dazu müssten sie mir aufschreiben, wie dieser Vorgang genau stattfindet und mit welchem Ergebnis er enden soll."

Frau Baubar ist zunächst beruhigt, obwohl ihr die Aufgabe, den Prozess zu beschreiben, nicht sehr behagt.

Wenn man eine ERP-Standardsoftware einführt, sollte man sich darüber im Klaren sein, dass bestehende Abläufe im Unternehmen daraufhin angepasst werden müssen. Dies ist die perfekte Gelegenheit suboptimale Prozesse zu hinterfragen und nach Möglichkeit abzustellen.

Die Key User müssen prüfen, ob das Ziel ihrer Tätigkeit erreicht wird, auch wenn der Prozess zukünftig etwas anders abläuft. Wird das Ziel erreicht, ist es nicht sinnvoll, am Prozess der Standardsoftware Anpassungen vorzunehmen. Es sollte daher allen Projektbeteiligten klar sein, dass Anpassungsprogrammierungen weitgehend vermieden werden sollten.

Aber warum eigentlich?

- Sie erzeugen Zusatzaufwand (Zeit, Geld) bei der Implementierung (Konzept schreiben, Programmieren, Testen, …)
- Meistens gibt es bereits eine alternative Lösung innerhalb der Standardfunktionalität
- Bei Versions- oder Releasewechsel müssen Anpassung eventuell auch nachgepflegt werden. Das erhöht die Gesamtkosten für

den Unterhalt der Software (Total Cost of Ownership)

- Bei Problemen kann ihnen der Standardsupport nicht helfen, da der ihre individuellen Anpassungen nicht kennt. Sie müssen also einen zusätzlichen Supportvertrag mit ihrem Beratungsunternehmen abschließen.
- Alle gängigen ERP-Softwareprodukte sind durch Wirtschaftsprüfer o.ä. Institutionen zertifiziert. Diese Zertifizierung gilt aber nicht für Anpassungsprogrammierungen. Deshalb wird sich ihr Wirtschaftsprüfer, grundsätzlich ein eigenes Bild von der Ordnungsmäßigkeit der Anpassung machen.

Das muss er, weil sich fast jeder Prozess auf das Zahlenwerk des Unternehmens und damit auf den Jahresabschluss auswirkt.

Sie merken schon, warum es sinnvoll ist solche Programmierungen grundsätzlich zu vermeiden. Ich habe für diesen Fall bewusst ein Beispiel aus der Produktion gewählt, das ich, bitte sehen sie mir das nach, etwas vereinfacht habe.

Im Bereich der Produktion gibt es ein paar „heilige Kühe", die niemals über Anpassungsprogrammierungen verändert werden sollten. Es handelt sich dabei um das Material-Resource-Planning (MRP, Materialbedarfsplanung) und das Master-Production-Scheduling (MPS, Hauptproduktionszeitplanung). Diese Funktionen sind so komplex mit ihren hinterlegten Rechenalgorithmen und ihrer Vernetzung zu anderen Modulen, dass sich selbst beim Softwarehersteller nur ein Team ausgesuchter Experten damit beschäftigt. Ich rate aus vollem Herzen davon ab, in diese Bereiche einzugreifen.

Ich weiß, was sie jetzt denken und sie haben Recht. „Der Typ hat gut reden." Die arme Frau Baubar hat ein echtes Problem, das sie vielleicht sogar auch aus ihrem eigenen Haus kennen.

Also gehen wir das Thema einmal gemeinsam an. Zunächst sollte analysiert werden, wie häufig solche „Schnellschüsse" überhaupt vorkommen und welche Kunden dahinterstehen. Dann sollte der Vertrieb mit den Kunden sprechen, die neue Situation erklären und einfach nachfragen, ob der Kunde sich nicht früher bei ihnen melden kann. Nicht selten ist das überhaupt kein Problem. Der Kunde hat irgendwann einmal die Erfahrung gemacht, dass er seine Ware auch bekommt, wenn er sich erst am Produktionstag bei ihnen meldet. Also glaubt er, dass das kein Problem bei ihnen erzeugt. Tatsächlich wäre es für ihn kein Aufwand, sich deutlich früher bei ihnen zu melden, wodurch sie plangemäß und damit kostenoptimal produzieren könnten.

Eine weitere Lösung wäre, einen bestimmten Lagerbestand für solche dringenden Lieferungen vorzuhalten. Dann könnten sie sofort liefern und müssten nicht sofort produzieren. Den Produktionsauftrag zum Auffüllen des Lagerbestandes können sie anschließend ganz kontrolliert in die Planung für einen optimalen Produktionsablauf einplanen lassen.

Sobald der Ruf nach einer Anpassungsprogrammierung laut wird lohnt es sich, hinter die Kulissen zu schauen. In vielen Fällen erhält man Hinweise auf Abläufe, die dem Unternehmen nicht zuträglich sind. Werden diese Abläufe bereinigt, steigt die Produktivität des Unternehmens.

Leider wurde unsere Futura Hanse GmbH nicht entsprechend beraten und nicht nur aus der Produktionsabteilung, sondern auch aus den anderen Abteilungen wurden Wünsche nach Anpassungsprogrammierungen geäußert, ohne die das Projekt angeblich nicht auskommt.
Das führt zu Schwierigkeiten, die wir uns jetzt einmal gemeinsam anhören.

An einem regnerischen Montagmorgen sitzen unsere Projektleiter Frau Zugleich und Herr Klarsicht zusammen.

„Wir müssen heute über Zusatzaufwand und eine Projektverlängerung sprechen", beginnt Frau Zugleich das Gespräch.

Herr Klarsicht ist irritiert. Als Controller sind ihm Abweichungen ein Gräuel und nun soll neben den Projektkosten auch gleich noch die Projektlaufzeit verändert werden?

„Was ist denn passiert?", fragt er nach.

„Das ist ein ganz normaler Prozess", beschwichtigt ihn Frau Zugleich.

„Ihre Fachabteilungen haben Anforderungen, die durch die Standardfunktionen der Software nicht abgedeckt werden. Deshalb müssen wir Anpassungen programmieren. Das verlängert natürlich die Projektlaufzeit und die Mehrarbeit muss auch bezahlt werden."

Das leuchtet Herrn Klarsicht ein.

„Wieviel wird das Ganze kosten?"

„Das kann ich ihnen nicht beantworten. Wir arbeiten in diesem Bereich mit einer agilen Methode", antwortet Frau Zugleich.

Herr Klarsicht ist abermals irritiert. In seiner Welt werden Dinge budgetiert und haben einen bestimmten Preis. Wie soll man das sonst kontrollieren können?

An dieser Stelle gehen wir kurz aus dem Gespräch und machen einen Exkurs zum Thema agile Methoden. Softwareentwicklung ist eine komplexe Angelegenheit. Die klassische Art Software zu entwickeln ist die Wasserfall-Methode. Sie setzt auf einem Lasten- oder Pflichtenheft auf, das die Anforderungen des Auftraggebers bzw. die Umsetzung der Anforderungen durch den Auftragnehmer definiert. Daraus entsteht ein Konzept für die Umsetzung und eine entsprechende Bepreisung. Basierend auf diesem Konzept entsteht dann ein Design als Basis für den Prototypen. Nach der technischen

Umsetzung erfolgt das Testen, die Dokumentation und abschließend die Auslieferung der Software. Wesentlich bei dieser Methode ist, dass der Kunde von vornherein eine recht genaue Vorstellung von der Funktion der neuen Software haben muss. Ändern sich seine Anforderungen im Verlauf des Programmierungsprozesses müssen die getroffenen zeitlichen und finanziellen Vereinbarungen durch einen Change Request angepasst werden. Als Kunde arbeiten sie bei dieser Methodik nur in der Konzeptionsphase mit und sehen das Ergebnis erst nach der Fertigstellung. Es besteht die Gefahr, dass Missverständnisse erst nach der Fertigstellung der Software erkannt werden, was zu neuem zeitlichem und finanziellem Aufwand führt. Der Vorteil der Methode ist, dass die Erstellungszeit und die Erstellungskosten klar definiert werden können.

Die vertragliche Basis für diese Entwicklungsmethode ist der Werkvertrag. Das Softwarehaus schuldet dem Kunden also ein Werk.

In den letzten Jahren ist man aber zunehmend zu „agilen" Entwicklungsmethoden übergegangen.

Sie basieren auf sogenannten User-Stories. Das sind Funktionsbeschreibungen aus Nutzersicht. Der User beschreibt darin, was er von der Software erwartet, damit er seine Ziele erreichen kann. Dazu werden Realisierungsabschnitte, sogenannte Sprints vereinbart. Sprints haben eine Laufzeit von zwei bis vier Wochen. Vor jedem Sprint wird das Ergebnis des Sprints gemeinsam definiert und am Ende des Sprints evaluiert. Dieses Vorgehen ermöglicht sofortige Kurskorrekturen, falls es Missverständnisse gab und schließt teure Fehlentwicklungen aus. Außerdem können Änderungsanforderungen sehr leicht eingebaut werden. Die Sprints erhöhen während des Entwicklungsprozesses die Transparenz und die Flexibilität, wodurch die Software schneller in den Einsatz gebracht werden kann. Das führt zu einer Risikoverringerung im Softwareentwicklungsprozess. Dabei ist aber auch ein höheres Involvement seitens des Kunden notwendig.

Im Gegensatz zur Wasserfall-Methodik entwickelt sich das Ziel der Software im Verlauf des Projektes und muss nicht schon gleich zu Beginn feststehen.

Der agilen Methodik liegt ein Dienstvertrag zugrunde. Das heißt, dass der Auftraggeber mit dem Dienstleister nur einen maximalen Entwicklungsbetrag und einen Zeitrahmen fixiert. Der Dienstleister schuldet also kein Gewerk.

Beide Methoden haben ihre Vor- und Nachteile. Wichtig ist, dass beide Vertragsparteien diese Vor- und Nachteile kennen und sich dann für die Methode entscheiden, die ihnen am geeignetsten erscheint.

Die Sieger Consult will bei der Futura Hanse GmbH die agile Methode für die Softwareentwicklung anwenden. Da Herr Klarsicht sich damit nicht auskennt erklärt Frau Zugleich ihm das Vorgehen und wir hören mal hinein.

„Sobald unsere Programmierer die Beschreibungen (User Storys) der Fachabteilung vorliegen haben, beginnen sie mit der Arbeit. In kurzen Abständen, sogenannten Sprints, stellen sie die Zwischenergebnisse den Key Usern vor, um abzugleichen, ob sie alles verstanden und korrekt umgesetzt haben. Dabei kommt auch heraus, wenn die Key User etwas nicht richtig oder unvollständig beschrieben haben sollten. Weil die Abstände so kurz sind gibt es viele Abstimmungsrunden zwischen den Programmierern und den Key Usern. Dadurch wird vermieden, dass der Programmierer durch Missverständnisse oder Schwächen im Konzept am eigentlichen

Ziel vorbei programmiert. Außerdem können später erkannte Änderungen einfach eingebaut werden. Das vermeidet zusätzliche Kosten. Die Key User sehen nach jedem Sprint, wie die Software entsteht und wissen am Ende genau wie sie arbeitet. Zwischendurch können sie Teile der Funktionen schon testen.

„Das Verfahren erscheint mir sehr sinnvoll zu sein, aber was kostet das dann eigentlich pro Anpassung? Wir müssen der Geschäftsführung dazu Auskunft geben können. Die werden garantiert nachfragen", zeigt sich Herr Klarsicht besorgt.

„Wir kalkulieren für die Erstellung einen bestimmten Betrag und auch den zeitlichen Rahmen. Der muss dann von ihnen beauftrag werden", erklärt ihm Frau Zugleich.

Wie sie sich erinnern, schuldet der Auftragnehmer dem Auftraggeber bei dieser Methode kein Gewerk. Ist die Software nach Ablauf der vereinbarten Zeit und dem vereinbarten Budget nicht fertig, steht der Auftraggeber dumm da und muss nachbudgetieren.

Haben sie eine Idee, wie man dieses Dilemma lösen kann? Die agile Methode klingt ja ganz zweckdienlich. Allerdings so ganz ohne verbindliche Budgetierung auch nach einem Schlaraffenland für das Beratungsunternehmen.

Es kostet eben was es kostet, oder?

Wir beschäftigen uns lieber mal mit dem „oder".

Sonderwünsche kosten Geld. Im normalen Projektbudget sind sie abgedeckt, wenn sie rechtzeitig ins Pflichtenheft aufgenommen wurden und das Pflichtenheft Vertragsbestandteil geworden ist. Sie merken, dass sich an dieser Stelle eine gute Vorarbeit schon wieder in Ersparnis verwandeln kann.

Unglücklicherweise ist dieser Prozess bei der Futura Hanse GmbH schiefgelaufen und die Sonderwünsche sind nicht im Leistungsumfang enthalten.

Was ist jetzt zu tun?

Der Einsatz einer agilen Methode setzt ein hohes Maß an Vertrauen zwischen den Vertragsparteien voraus, weil beide Seiten bereit sein müssen, ein gewisses Risiko zu tragen. Wenn das gewährleistet ist, kann folgendes Vorgehen empfohlen werden:

1. Der Kunde beschreibt in einem Konzept, was er für Erwartungen an die Anpassung hat

2. Aus den Erwartungen lassen sich einzelne Anforderungen definieren. Diese Anforderungen sollten zwischen 5 bis 20 Tagen Aufwand erzeugen und einzeln kalkulierbar sein.

3. Die Zusammenfassung mehrerer Anforderungen nennt man bei agilen Methoden, wie bereits erklärt, „Sprint"

4. Zur Erstellung einer Anpassungsprogrammierung werden in der Regel mehrere Sprints benötigt.

5. Am Ende jedes Sprints kann z.B. ein Zahltermin liegen, sofern der Auftragnehmer die definierten Leistungen erfüllt hat und eine Abnahme durch den Auftraggeber erfolgt ist.

6. Wenn die kalkulierte Stundenzahl pro Anforderung eingehalten wurde, erfolgt die vereinbarte Zahlung. Wird die kalkulierte Stundenzahl unterschritten, erfolgt ebenfalls die vereinbarte Zahlung, als Anreiz zur Termineinhaltung. Wird die kalkulierte Stundenzahl überschritten, werden zum Beispiel die ersten zehn Stunden der Überschreitung nur noch mit 50 Prozent des normalen Stundensatzes vergütet, weitere zehn Stunden nur noch mit 25 Prozent und alle Stunden darüber hinaus werden nicht mehr vergütet.

7. Auf diese Weise ergeben sich die maximal zu erwartenden Kosten, die für das Projekt-Controlling zugrunde gelegt werden können.

Sofern der Umgang mit Anpassungsprogrammierungen nicht im Hauptvertrag geregelt ist, ist es sinnvoll darüber einen gesonderten Vertrag aufzusetzen, der die o.g. Schritte festlegt.

Kurzes Fazit an dieser Stelle:
Versuchen sie Anpassungsprogrammierungen grundsätzlich zu vermeiden. Genehmigen sie Anpassungen nur, wenn es wirklich keine andere Möglichkeit gibt. Ein gutes Beratungsunternehmen erkennen sie daran, dass es von sich aus Lösungen vorschlägt, die Anpassungsprogrammierungen vermeiden.
Die Notwendigkeit von Anpassungen deutet oft darauf hin, dass etwas ungewöhnlich läuft. Hinterfragen Sie den Prozess!
Wenn sie einen „schlechten" Prozess digitalisieren, wird das lediglich ein „schlechter" digitalisierter Prozess, aber auf keinen Fall ein guter Prozess. Und wenn dieser Prozess auch noch programmiert werden muss, wird es zudem noch teuer.

Inzwischen gibt es bei unserer Futura Hanse GmbH einige Aufregung. Was ist inzwischen passiert?

5.3.7 Eskalation: Jetzt knallt`s!

Frau Orga legt gerade gedankenversunken den Hörer auf. Das ist jetzt bereits die vierte Beschwerde, die sie von den Fachabteilungen bezüglich des Projektes bekommt.
In diesem Moment betritt ihr Geschäftsführerkollege Herr Kaufmann das Büro. Nach einer kurzen Begrüßung kommt er gleich zur Sache.
„Wie man hört, läuft das Projekt nicht so besonders rund, stimmt das?"

„*Ich habe gerade wieder eine Beschwerde erhalten*", antwortet *Frau Orga unzufrieden.*

„*Und was läuft schief?*"

„*Ich bekomme so Aussagen wie: Die Berater verstehen unsere Prozesse nicht und die Software kann gar nicht alles, was wir benötigen. Die Anpassungsprogrammierungen sind ständig fehlerhaft, müssen korrigiert und neu getestet werden. Außerdem hinken wir wohl ziemlich hinter dem ursprünglichen Zeitplan her.*"

„*Das klingt aber gar nicht gut. Hoffentlich haben wir genug Geld einbehalten, um Druck machen zu können?!*" *Herr Kaufmann schaut fragend zu Frau Orga.*

„*Wir haben uns an den Zahlungsplan gehalten. Diese Themen sind erst innerhalb der letzten zwei Wochen aufgekommen. Ich werde jetzt natürlich erst einmal nichts mehr bezahlen, obwohl der nächste Abschlag fällig wäre*", *sagt Frau Orga erbost.*

„*Vielleicht ist es Zeit für ein außerordentliches Lenkungsausschussmeeting*", *schlägt Herr Kaufmann vor.*

Frau Orga hatte den gleichen Gedanken und nach einem etwas emotionalen Telefonat mit dem Geschäftsführer der Sieger Consult ist ein Termin für den kommenden Freitag vereinbart.

Zuvor lässt Frau Orga aber noch den Projektleiter, Herrn Klarsicht, zu sich rufen.

„*Herr Klarsicht, ich höre zunehmend Beschwerden aus dem Projekt. Was ist da los?*", *fragt sie ohne Umschweife.*

Herr Klarsicht ist überrascht, als sie die Kommentare aus den Fachabteilungen zitiert. Offensichtlich haben ihn die Abteilungsleiter übergangen und sich direkt an die Geschäftsführung gewandt.

Herr Klarsicht ist sauer und Frau Orga kann das gut verstehen.

„*Unter diesen Bedingungen möchte ich die Projektleitung umgehend abgeben*", *fordert er frustriert.*

„*Hatten Sie überhaupt keine Informationen darüber, dass es Schwierigkeiten in den Fachabteilungen gibt?*", *fragt sie ihn.*

„Nicht so direkt. Es wurde schon mal die eine oder andere Schwierigkeit erwähnt, aber gab es selten konkrete Erklärungen oder gar eine Eskalation an die Projektleitung. Sonst hätte ich das doch im Lenkungsausschuss berichtet."

So langsam wird auch Frau Orga „sauer" auf die Abteilungsleiter. Spontan bestellt sie alle in den großen Meetingraum.

„In der letzten Woche haben mich zahlreiche Beschwerden über das Projekt erreicht und als ich eben mit Herrn Klarsicht darüber gesprochen habe, kannte er die Probleme gar nicht. Wie ist so etwas möglich?"

In der Runde herrscht betretenes Schweigen und niemand sieht direkt zu Frau Orga.

„Was ist ihre Erwartungshaltung, wenn sie die Projektleitung übergehen, sich nicht helfen lassen und sich stattdessen direkt an die Geschäftsführung wenden?"

Wieder schweigen alle.

„Wer von ihnen übernimmt die Projektleitung? Herr Klarsicht möchte das Amt nach diesen Vorkommnissen verständlicherweise niederlegen."

Spontan erhebt sich ein Gemurmel und Worte wie „Oh, nein", „So war das doch nicht gemeint", „Das geht doch nicht gegen ihn persönlich", sind zu hören.

„Also gut, dann erwarte ich, erstens dass Herr Klarsicht ab sofort ihre erste Instanz ist, wenn es Probleme gibt. Er wird sich dann an mich wenden.

Zweitens, jede Abteilung macht ab jetzt einmal pro Woche einen Statusreport zur Projektsituation. Wenn es Probleme gibt, werden sie ab jetzt zusammen mit den ergriffenen Gegenmaßnahmen in dem Report schriftlich festgehalten und an Herrn Klarsicht berichtet. Er berichtet sie an den Lenkungsausschuss weiter. Bis morgen Abend liefern sie bitte alle ihren ersten Report an Herrn Klarsicht. Gibt es bis hierher Fragen?"

Niemand erhebt Einwände und das Meeting wird beendet.

Am nächsten Abend sitzen Frau Orga und Herr Klarsicht zusammen und sehen, zur Vorbereitung des außerordentlichen Lenkungsausschusses, die Statusberichte durch.
Zusammengefasst werden folgende Schieflagen deutlich:

- *Teilweise fehlende Fachkompetenz bei dem für die Buchhaltung zuständigen Berater*
- *Fehlerhafte Anpassungsprogrammierungen und dadurch hoher Zeitaufwand für Korrekturen und Tests*
- *Zu zäher Projektfortschritt, zeitlicher Verzug u.a. durch personelle Engpässe auf beiden Seiten*
- *Andere Erwartungshaltung an die Software, als funktional darstellbar ist.*
- *Zitat: „Da ist uns zu viel versprochen worden."*
- *Schlechte Vorbereitung der Berater auf die einzelnen Workshops*
- *Zu häufiger Personalwechsel bei den Beratern, wodurch immer wieder neue Berater eingearbeitet werden müssen*
- *Schlechte Kommunikation zwischen den einzelnen Beratern. Jeder sieht nur seinen Bereich und nicht die Gesamtzusammenhänge*
- *Die erbrachte Leistung des Beratungshauses passt nicht zu den bisher geleisteten Zahlungen*
- *Die Buchhaltung hat noch nicht gezeigt bekommen, wie die Buchungen durch das System laufen sollen. „Womöglich funktioniert das alles gar nicht."*
- *Fehlerhafte Anpassungsprogrammierungen*
- *...*

Am Ende eines langen Abends haben die Beiden eine lange Liste vorliegen, die schon am nächsten Morgen mit der Sieger Consult besprochen werden soll.

Leider werden solche wichtigen Meetings oftmals unter Zeitdruck vorbereitet und durchgeführt. Das ergibt sich aus der angespannten Situation. Trotzdem appelliere ich an sie, sich auch in solchen Situationen ausreichend Zeit für eine gute Vorbereitung zu nehmen. Die besser vorbereitete Seite wird in der Regel auch das bessere finanzielle Agreement aushandeln können. Außerdem erspart es ihnen eventuelle Peinlichkeiten direkt von ihrem Dienstleister zu erfahren und dann ad hoc darauf reagieren zu müssen.

5.3.7.1 Das Eskalationsmeeting

Die Spannung im Raum ist greifbar. Der Geschäftsführer der Sieger Consult, die Projektleitung und der zuständige Accountmanager waren auch nicht untätig und haben ihrerseits viele Punkte aufbereitet, die aus ihrer Sicht im Projekt falsch laufen.

Wir setzen uns einfach als unsichtbare Gäste dazu.

Und schon wird das Meeting von Frau Orga eröffnet.
„Wir sitzen heute zusammen, weil der Projektverlauf nicht unseren Erwartungen entspricht", eröffnet Frau Orga das Meeting offensiv.
„Wir haben zurzeit den Eindruck, dass das Bemühen der Sieger Consult, das Projekt zum Erfolg zu führen deutlich nachgelassen hat", legt sie forsch nach.
Herr Sieger hebt abwehrend die Hand.
„Also mein Eindruck ist eher, dass ihre Key User nach anfänglich konstruktiver Mitarbeit, deutlich „Gas" weggenommen haben und allein können die Berater so ein Projekt nicht stemmen."
„Das Verhalten kann ich ihnen erklären. Unsere Key User sind frustriert, weil sich im Rahmen der Implementierung zeigt, dass die Software viele Abläufe, die wir für die Bewältigung unseres Alltagsgeschäfts benötigen, gar nicht abbilden kann. Vielmehr entsteht

gerade der Eindruck, dass wir im Verkaufsprozess übervorteilt wurden ...“

Herr Reibach unterbricht sie energisch. Er war für den Verkaufsprozess seitens der Sieger Consult verantwortlich.

„So möchte ich das auf keinen Fall stehen lassen, Frau Orga. Sie haben uns damals Unterlagen zur Verfügung gestellt und auf dieser Basis haben wir ihnen die Software vorgestellt. Mehr konnten wir nicht tun.“

„Außerdem stimmt das auch nicht, dass die Software vieles nicht kann“, erklärt Frau Zugleich, als Projektleiterin.

„Warum müssen dann so viele Anpassungsprogrammierungen durchgeführt werden? Das kostet uns jede Menge Zeit und Geld. Außerdem laufen wir auf diese Weise aus dem geplanten Budget und ich kann nicht erkennen, wo das ganze letztendlich finanziell endet“, entgegnet Frau Orga aufgebracht.

„Den größten Teil der Programmierungen müssen wir nur machen, weil ihre Key User darauf bestehen, dass die Prozesse exakt so laufen, wie in ihrer derzeitigen Software. Die stellen sich überhaupt nicht auf die neue Software ein und wollen auch nichts testen, solange nicht alles aussieht wie im Moment“, macht Frau Zugleich ihrem Ärger Luft.

„Sehen sie das auch so, Herr Klarsicht?“, fragt Herr Kauffmann nach.

„Na ja, die Key User stehen unter Zeitdruck, und außerdem haben ein paar Mal die Berater gewechselt. Dadurch musste vieles mehrfach erklärt werden, um die neuen Berater auf Stand zu bringen. Das kostet alles Zeit, die die Key User nicht haben.“

Man sieht Herrn Klarsicht an, dass ihm nicht wohl in seiner Haut ist.

„Wieso wechseln überhaupt die Berater während des Projektes?“, fragt Herr Kauffmann bei Frau Zugleich nach.

„Es gibt Situationen, in denen das Know-how eines Beraters nicht ausreicht und wir dann einen Erfahreneren einsetzen müssen und manchmal stimmt auch einfach der „Nasenfaktor" nicht. Dann kann man auch nicht einfach weiterarbeiten, als gäbe es keine Probleme", begründet Frau Zugleich ihr Vorgehen.

„Ich habe den Eindruck, dass wir als Kunde komplett an der Misere schuld sein sollen. Aber gleichzeitig zahlen wir und zahlen, ohne dass die Gegenleistung stimmt. Dass es Fehler bei den Anpassungsprogrammierungen gab, können sie ja wohl nicht auch noch vom Tisch wischen. Ich stelle jedenfalls erst einmal solange alle Zahlungen an sie ein, bis ich wieder vom Projektfortschritt überzeugt bin", Frau Orga ist jetzt wirklich außer sich.

„Wo gearbeitet wird, können auch Fehler entstehen, aber die werden ja auch behoben. Wir können die Fehler allerdings nur erkennen, wenn die Key User die Anpassungen testen und das dauert immer ewig lange. Bis dahin sitzen die Programmierer längst an der nächsten Aufgabe", erwidert Frau Zugleich und man merkt, dass das Limit ihrer Geduld erreicht ist.

„Na, ob das so stimmt, kann ich jetzt nicht prüfen. Ich zahle jedenfalls nichts mehr", bekräftigt Frau Orga nochmals.

Herr Sieger zieht die Augenbrauen hoch und erklärt: „Gut, dann ziehe ich die Berater ab und stelle die Programmierungen ein, bis wir einen gemeinsamen Weg gefunden haben."

Natürlich habe ich die Situation hier verkürzt dargestellt und es braucht in der Regel etwas länger, bis sich die Situation so hochschaukelt. Aber Tatsache ist, dass sich jede Seite übervorteilt fühlt und meint, im Recht zu sein. Leider hat aber auch jede Seite etwas Unrecht. An dieser Stelle komme ich oft als „ERP Mediator" ins Spiel und bringe über einen Projektreview und wechselseitige Gespräche Transparenz in die Situation. Das hat den Vorteil, dass eine unabhängige Person die tatsächliche Situation analysiert und anschließend einen Vorschlag unterbreiten kann, der für beide Parteien gangbar ist. Wesentlich ist, dass diese Person von beiden Seiten akzeptiert und aus einem gemeinsamen Topf bezahlt wird. Ebenso wichtig ist es, dass sie entsprechendes Fachwissen und Erfahrung mit solchen Situationen hat.

Oft wissen die Unternehmen, die ein Projekt abbrechen gar nicht, wie nahe sie dem Erfolg sind. Aus Frustration und Emotionen heraus werden dann signifikante Vermögensschäden generiert.

In diesen Situationen gilt der alte Spruch von Winston Churchill:

„Die Kunst ist, einmal mehr aufzustehen, als man umgeworfen wird".

Besser ist es natürlich, wenn sich beide Parteien ohne fremde Hilfe einigen können. Manchmal ist aber keine direkte konstruktive Zusammenarbeit mehr möglich und dann ist die Investition in einen Mediator gut angelegtes Geld.

Die Diskussion bei der Futura Hanse GmbH geht noch einige Runden weiter, ohne dass sich eine Entspannung der Lage abzeichnet.

5.3.7.2 Die Einigung

Glücklicherweise ist es Zeit für die Mittagspause und alle nutzen diese kleine Auszeit, um ihre Gedanken zu ordnen.

Herr Kaufmann und Frau Orga stimmen sich ab und Herr Kaufmann plädiert dafür, das Projekt in jedem Fall zum Erfolg zu führen. Frau Orga ist derselben Meinung, auch wenn sie vor der Sieger Consult einen harten Kurs einschlagen will. Sie hat durchaus im Hinterkopf, dass auch auf Seiten der Futura Hanse GmbH nicht alles so gelaufen ist, wie es sollte.

Herr Sieger hat sich in der Zwischenzeit mit Frau Zugleich abgesprochen und ebenfalls einiges erfahren, was ihm nicht gefällt.

Als alle an den Konferenztisch zurückkehren, ist die einhellige Meinung, alles zu tun, um „die Kuh vom Eis zu bekommen".

„Wir arbeiten hier gemeinsam an einem komplexen Projekt und anscheinend ist nicht alles so gelaufen, wie gewünscht. Ich gehe aber davon aus, dass beide Seiten ihren Anteil daran haben", eröffnete Herr Sieger das Gespräch.

„Wir könnten uns jetzt hinsetzen und die Vergangenheit haarklein analysieren, aber das kostet uns alle Zeit und Geld. Konstruktiver wäre eine sachliche Situationsanalyse und ein darauf basierender Maßnahmenkatalog zur Beseitigung der bestehenden Probleme", schlägt er vor.

„Auch wir haben natürlich ein großes Interesse, das Projekt erfolgreich zu Ende zu bringen", bestätigt Herr Kaufmann.

„Aber wir brauchen auch eine finanzielle Regelung. Sie haben ja gut lachen, Herr Sieger. Sie haben bisher jede Rechnung bezahlt bekommen," wirft Frau Orga ein.

„Wir liegen hinter unserem zeitlichen Ziel und wir hatten Zusatzaufwand für Anpassungsprogrammierungen sowie für zusätzliche Tests, weil die Programmierungen teilweise fehlerhaft waren und nach der Korrektur nochmals getestet werden mussten", setzt sie hinzu.

Herr Sieger nickt. Anscheinend ist er zu Zugeständnissen bereit.

„Ich verstehe ihre Position und deshalb schlage ich folgendes vor: Erstens, alle bisher realisierten Anpassungsprogrammierungen müssen bezahlt werden.

Zweitens, in den Fällen in denen sie durch Fehler zusätzlichen Testaufwand hatten, geben wir ihnen 30 Prozent Rabatt auf die Anpassungsprogrammierung. Drittens, um die Budgetüberschreitung einzudämmen, sollten wir alle noch offenen Anpassungsprogrammierungen gemeinsam auf ihre Notwendigkeit hin überprüfen. Hier lässt sich sicherlich noch Zeit und Geld sparen. Gleichzeitig gebe ich unsere Berater die Anweisung, den Key Usern jede Alternative zu einer vermeintlich notwendigen Programmierung aufzuzeigen. Falls dann weiterhin die Notwendigkeit einer Anpassungsprogrammierung besteht, muss sie von ihnen, als Geschäftsführung, genehmigt werden.

Viertens, für den jetzt fälligen Abschlag räume ich ihnen ein Zahlungsziel von 30 Tagen ein. Bis dahin sollten alle anderen Maßnahmen gegriffen haben und wir wissen alle, woran wir sind.

Fünftens, um im Zeitplan zu bleiben, sollten wir alle Module, die auch später starten können, zeitlich nach hinten verschieben."

„Welche Module meinen Sie?", fragt Herr Kaufmann.

„Ich denke an das Vertragsmanagement, das Dokumentenmanagement und das Customer-Relationship-Management. Diese Bereiche können auch im Anschluss an den Produktivstart implementiert und kurze Zeit später in Betrieb genommen werden. Dadurch können wir uns alle wesentlich besser fokussieren", führt Herr Sieger aus.

„Grundsätzlich gefällt mir ihr Vorschlag, aber wenn wir einige Bereiche erst später implementieren, verlängert sich die Projektlaufzeit ja noch weiter", gibt Frau Orga zu Bedenken.

„Ok, aber die Kosten bleiben die gleichen. Für die etwas längere Belastung ihres Unternehmens komme ich ihnen mit kostenlosen User-Schulungen entgegen", bietet Herr Sieger an.

Frau Orga und Herr Kaufmann sehen sich an und stimmen dem Vorschlag von Herrn Sieger anschließend zu. Damit wird das Meeting für alle zufriedenstellend beendet.

Zum Glück hat die Vernunft auf beiden Seiten gesiegt. Was passiert, wenn das nicht der Fall ist? Dann wird das Projekt gestoppt. Beide Seiten fangen an, die zugrunde liegenden Verträge genau zu studieren und stellen oftmals fest, wie wenig Konkretes darin vereinbart wurde. Es werden Rechtsanwälte eingeschaltet und im schlimmsten Fall geht es bis zu einer Klage vor Gericht. Da kein Richter in der Lage ist, jede Einzelheit des Projektes nachzuvollziehen, bekommt jede Seite zum Teil Recht bzw. Unrecht. Oft werden dem Auftraggeber kaum mehr als die Hälfte seiner externen Kosten zugesprochen. Das heißt, dass er auf den internen Kosten sitzen bleibt, eine Menge frustrierter Key User im Hause hat, die um die Früchte ihrer Arbeit gebracht wurden und letztendlich hat er auch keine neue ERP-Software. Die Zeit war weitgehend verschwendet und „nach dem Projektcrash ist vor dem Projekt."

Das Beratungsunternehmen hat einen Reputationsverlust und finanzielle Einbußen, die ggf. die Versicherung übernimmt. Ansonsten können die Berater schon ab dem nächsten Tag bei einem anderen Kunden Geld verdienen.

Jetzt erkennen sie, warum ich solche Projekte im Sinne des Auftraggebers nur im äußersten Notfall verloren gebe, zumal solch gravierende Eskalationen meist tatsächlich erst auf der „Zielgeraden" entstehen und gerade dann lohnt sich der Einsatz für eine erfolgreiche Einigung und Fertigstellung des Projekts.

Übrigens ist der Vorschlag von Herrn Sieger, das Projekt zunächst auf das Wesentliche zu begrenzen grundsätzlich sinnvoll, wenn wir über Dokumentenarchivierung, CRM, Kostenrechnung, Konsolidierung und ähnliches sprechen. Die wesentlichen Module einer ERP-Software, wie Einkauf, Verkauf, Lagerwirtschaft/Logistik, Produktion und Finanzbuchhaltung sollten grundsätzlich gleichzeitig in Betrieb genommen werden. Eine ERP-Software arbeitet wie ein Getriebe und auch da macht es keinen Sinn, wenn sie die Zahnräder für den zweiten und den vierten Gang erst später einbauen. Dann kann das Getriebe seinen Zweck nicht erfüllen. Gern wird diskutiert, das Finanzmodul als vorweg oder später zu implementieren. Das ist überhaupt keine gute Idee. Jede Bewegung im Einkauf, Verkauf, Lager oder der Produktion erzeugt finanzielle Werte, die sich auf Konten in der Finanzbuchhaltung widerspiegeln. Wird die Finanzbuchhaltung erst später eingeführt, müssen trotzdem Konten eingerichtet werden, damit diese Werte nicht ins Leere laufen. Von diesen Konten müssen dann die Werte über Schnittstellen, deren Erstellung zusätzliche Kosten erzeugt, in ihre alte Finanzbuchhaltung überführt werden. Zum Jahresabschluss muss dann die neue ERP-Software mit den Werten in ihrer alten Finanzbuchhaltung abgestimmt werden. Auch das erzeugt wieder hohen Aufwand. Innerhalb der ERP-Software findet dieser Prozess automatisch statt. Ich habe hier nur einen Bruchteil der Probleme geschildert, die durch eine solche unglückliche Entscheidung auf sie zukommen werden.

Fazit: Reißen sie nicht auseinander, was zusammengehört. Sie haben doch genau deshalb in eine neue ERP-Software investiert, weil alles hochautomatisiert und integriert laufen soll!

Zum Glück sind wir aber mit der Futura Hanse GmbH und der Sieger Consult nicht in so einer Sackgasse gelandet und da sie ja nicht ewig nur dieses Buch lesen wollen, gehen wir mal davon aus, dass sich nach der Eskalation alle Dinge wie gewünscht entwickelt haben.

5.3.8 Berechtigungskonzept: Wie? Ich darf nicht mehr alles?

In den letzten Wochen haben alle Projektbeteiligten fieberhaft an der Abbildung der Geschäftsprozesse gearbeitet. Die Anzahl der geplanten Anpassungsprogrammierungen wurde auf das unbedingt notwendige Maß reduziert und die verbliebenen Anpassungen funktionieren inzwischen einwandfrei. Dasselbe gilt für die

Schnittstellen, zum Beispiel zum Lohn- und Gehaltsabrechnungssystem und zum Zollsystem, sowie die Schnittstellen zum Einlesen von Kontoumsätzen und für die Währungskurse. Die Zusammenarbeit zwischen den einzelnen Fachbereichen ist in dieser Zeit ständig effektiver geworden, das Verständnis zwischen den einzelnen Abteilungen und für das Gesamtunternehmen dabei stetig gewachsen. Dadurch, dass jeden Tag kleine gemeinsame Erfolge erzielt wurden, sind alle Beteiligten wieder sehr motiviert und die Stimmung im Projekt ist inzwischen gut.

Da macht es doch Spaß wieder mit einzusteigen und genau das tun wir jetzt.

„Wir müssen noch eine komplexe Aufgabe gemeinsam lösen, bevor wir in die Testphase starten können", erklärt Frau Zugleich.
„Es geht um die Etablierung der Zugriffsberechtigungen im System", ergänzt Herr Klarsicht.
„Die Zugriffsberechtigungen verhindern, dass jemand versehentlich Daten oder Einstellungen verändert oder einfach etwas tut, zu dem er nicht berechtigt ist."
„Jede Abteilung muss sich also Gedanken machen, welche Berechtigungen jeder einzelne Mitarbeiter benötigt. Wenn wir also beispielsweise die Buchhaltung nehmen, ist es sinnvoll bestimmte Rollen zu definieren und diese dann mit Zugriffsrechten zu versehen", führt Herr Klarsicht aus.
Herr Spar, der Leiter der Buchhaltung, kann sich das noch nicht so richtig vorstellen und fragt nach:
„Meinen sie als Rolle, zum Beispiel Debitorenbuchhalter, Kreditorenbuchhalter, und so weiter?"
„Exakt. Am besten erstellen sie eine Excel-Matrix pro Rolle und weisen der einzelnen Rolle die benötigten Zugriffrechte zu. Diese

Rolle wird dann mit einem aussagefähigen Namen versehen damit nachvollziehbar ist, welche Zugriffsrechte sie beinhaltet. Diese Rollen können dann den einzelnen Mitarbeitern zugeordnet werden", beschreibt Frau Zugleich das Vorgehen.

„Dabei sind auch Vertretungsfunktionen zu beachten. Wenn zum Beispiel der Debitorenbuchhalter den Kreditorenbuchhalter zeitweise vertreten soll, kann die Debitorenbuchhalterrolle erweitert werden und wird dann beispielsweise unter dem Namen – Debitorenbuchhalter mit Kreditorenerweiterung – gespeichert. Diese Rolle bekommt dann nur der Debitorenbuchhalter, der diese Vertretungsfunktion wahrnehmen soll."

„Warum lege ich die Berechtigungen nicht direkt pro Mitarbeiter an und gehe den Umweg über die Rolle?", fragt Herr Spar nach.

„Als Abteilungsleiter müssen sie in regelmäßigen Abständen kontrollieren, ob auch tatsächlich nur die Mitarbeiter Zugriff auf ihre Abteilung haben, die sie dazu berechtigt haben. Auf Basis der zugewiesenen Rollen können sie das sehr schnell nachvollziehen. Auf der Basis von Einzelberechtigungen müssten Sie sämtliche Mitarbeiter des Unternehmens einzeln durchprüfen, was in der Praxis nicht zu leisten ist."

Das leuchtet Herrn Spar ein.

„Nachdem wir aus jeder Abteilung eine Excel-Matrix mit den einzelnen Rollen und Zugriffsrechten bekommen haben, werden wir diese Berechtigungen genauso in der Software hinterlegen."

„Wir implementieren die Berechtigungen vor der Testphase in die Geschäftsprozesse, damit sie gleich mitgetestet werden können. Das erspart uns allen böse Überraschungen nach dem Produktivstart", fügt Frau Zugleich noch hinzu.

Am Ende des Meetings wissen alle Beteiligten, welche Ausarbeitungen sie erstellen müssen und beginnen mit den entsprechenden Vorbereitungen.

In vielen Projekten kommt die Einrichtung der Zugriffsberechtigungen durch den Zeitdruck, der oftmals zum Projektende herrscht, zu kurz. Sinnvoll ist es aber, die Berechtigungen gleich in der finalen Ausprägung zu implementieren und mit zu testen. Speziell Unternehmen, die in den USA an der Börse gelistet sind und deshalb dem Sarbanes Oxley Act (SOA) unterliegen, haben an dieser Stelle keinerlei Spielraum. Sie müssen vom Produktivstart an nachweisen können, dass ihr internes Kontrollsystem voll funktionsfähig ist und ein wesentliches Element davon sind korrekt vergebene Zugriffsberechtigungen.

Ich habe hier die Zusammenfassung verschiedener Einzelberechtigungen als Rolle bezeichnet. Die unterschiedlichen ERP-Softwarehersteller nutzen zum Teil auch andere Ordnungsbegriffe. Wesentlich ist, dass sie für sich mitnehmen, dass eine Zuweisung von einzelnen Zugriffsrechten pro Mitarbeiter später nicht mehr nachvollziehbar und damit nicht effektiv kontrollierbar ist. Mit „beschreibenden" oder „sprechenden" Rollenbezeichnungen lösen sie dieses Problem ganz souverän.

Wenn der Wirtschaftsprüfer ihnen später gegenübersitzt und sie fragt: „Wie schließen sie aus, dass irgendjemand in ihrer Abteilung etwas tut, zu dem er nicht berechtigt ist?", dann lehnen sie sich entspannt zurück, nehmen noch einen Schluck Kaffee und antworten: „Ich habe ein transparentes Berechtigungskonzept etabliert, dass ich einmal jährlich prüfe."

Wichtig ist aber nicht nur das eigentliche Berechtigungskonzept, sondern auch das Verfahren, wie Berechtigungen vergeben, geändert und entzogen werden.

Ich gebe ihnen hierzu drei Beispiele:

Beispiel 1: Ein neuer Mitarbeiter wird eingestellt

Sie stellen in ihrer Buchhaltung einen neuen Mitarbeiter für die Debitorenbuchhaltung ein. Danach teilen sie dem für die technische Berechtigungsvergabe zuständigen Administrator mit, wann der neue Mitarbeiter anfängt und welche Rollen ihm zugewiesen werden sollen. Fertig.

Stellen sie sich jetzt einmal vor, sie müssten dem Administrator auf der Basis von einzelnen Zugriffberechtigungen erklären, wie er den Mitarbeiter einrichten soll.

Beispiel 2: Ein Mitarbeiter kündigt oder wechselt die Abteilung

Einer ihrer Mitarbeiter hat oder wird gekündigt. Entsprechend ihrer internen Abläufe setzen sie die Personalabteilung in Kenntnis oder umgedreht. In jedem Falle muss der Mitarbeiter spätestens zum Austrittstermin gesperrt werden.

Hierbei handelt es sich um einen besonders sensiblen Prozess, denn nicht immer trennen sich Unternehmen einvernehmlich von ihren Mitarbeitern. Deshalb muss sichergestellt werden, dass die Mitarbeiterberechtigungen im Zweifelsfall auch ad hoc entzogen werden können, um Schaden zu verhindern.

Auch hierfür muss es ein beschriebenes Verfahren geben für das sich auch der Wirtschaftsprüfer interessiert.

Beispiel 3: Der Auszubildende

In der Praxis kommt es hin und wieder vor, dass zum Beispiel ein Auszubildender, der viele Abteilungen des Unternehmens durchlaufen hat, am Ende äußerst weitreichende Berechtigungen hat, weil ihm zunehmend mehr Rollen zugewiesen wurden, aber niemand dafür gesorgt hat, dass ihm die nicht mehr benötigte Rollen wieder entzogen werden.

Das bedeutet, dass auch für die Änderung von Zugriffberechtigungen ein transparentes Verfahren etabliert werden muss.

Funktionierende Verfahren im Berechtigungsmanagement sind die Basis ihres internen Kontrollsystems (IKS). Aber falls doch einmal etwas durchrutschen sollte prüfen sie ja die Berechtigungen pro Abteilung einmal jährlich.

Wie könnte die Umsetzung des internen Kontrollsystems (IKS) auf Basis eines Berechtigungskonzeptes und entsprechender Workflows in der Einkaufsabteilung eines Unternehmens aussehen?

Die Standardeinkäuferrolle sieht vor, dass der Inhaber dieser Rolle bis zu einem Maximalwert von zum Beispiel 5.000 € pro Bestellung einkaufen darf. Höhere Bestellwerte müssen vom Abteilungsleiter genehmigt werden. So etwas kann in modernen ERP-Systemen als Genehmigungs-Workflow über Bestellwertegrenzen gesteuert werden.

Ebenso könnte man zum Beispiel eine Trennung zwischen Dienstleistungs- und Rohstoffeinkauf etablieren, um zu gewährleisten, dass nur die zuständigen Personen einkaufen können. Workflows können zudem sicherstellen, dass sensible Produkte nur nach Genehmigung durch zwei Personen bestellt werden können (Stichwort: „Vier-Augen-Prinzip").

Sie erkennen, welches Potenzial an flexibler Automatisierung moderne ERP-Systeme bieten. Allerdings erhöhen diese Möglichkeiten auch die Komplexität der Systemeinführung und der notwendigen Testszenarien, um böse Überraschungen nach dem Produktivstart auszuschließen. Das muss finanziell und zeitlich mit einkalkuliert werden.

5.3.9 User-Schulungen: Man lernt nie aus

Die Schulung der Key User findet durch das Beratungsunternehmen statt. Diese Schulungen finden meistens parallel zu den einzelnen Implementierungsschritten durch die Berater statt. Sobald die ERP-Software soweit eingerichtet ist, dass die Geschäftsprozesse geübt werden können, schulen die Key User die „Normal"-User (im Folgenden einfach „User" genannt). Dabei sollte anfangs ein Berater als fachliches Rückgrat anwesend sein. Wesentlich ist allerdings, dass die Key User die Rolle als Trainer übernehmen. Sie sind in der Zukunft so etwas wie hausinterne Berater bzw. Ansprechpartner bei Problemen und haben damit eine sehr wichtige Rolle.

Insgesamt sollten mindestens drei User Schulungsintervalle stattfinden. Die finalen User Schulungen sollten im Anschluss an die End to End-Testphase und damit unmittelbar vor dem Produktivstart stattfinden damit das Wissen der User noch frisch ist.

5.3.10 End to End-Testphase: Mal sehen, was geht

Dies ist die wichtigste Projektphase, weil hier alle wesentlichen Geschäftsprozesse ihres Unternehmens durchgetestet werden und zwar von einem Ende zum anderen Ende. Diese Phase liegt ganz am Ende des Projektes und findet aufgrund der meist schon fortgeschrittenen Projektlaufzeit, unter hohem Druck statt. Trotzdem eignet sich ausgerechnet diese Phase überhaupt nicht dazu, zeitlich oder inhaltlich verkürzt zu werden. Die Ergebnisse dieser Testphase sind die Basis für ihre Entscheidung mit der ERP-Software produktiv zu starten. Laufen die wesentlichen Geschäftsprozesse fehlerfrei ab, können sie beruhigt die Freigabe für den Produktivstart geben, andernfalls wäre die Freigabe grob fahrlässig. Nur wenn diese Projektphase korrekt durchgeführt wird erhalten sie eine valide Plattform für ihre Entscheidung. Sorgen sie im eigenen Interesse für einen qualitativ hochwertigen Ablauf. Alle Fehler und Probleme, die in dieser Testphase nicht erkannt werden, werden sie sofort nach dem Produktivstart ereilen und für teures Chaos sorgen. Das Schlimmste dabei ist, dass mangelnde Sorgfalt in dieser Projektphase mit hoher Wahrscheinlichkeit auch auf ihre Kunden und Lieferanten durchschlägt.

Ein gutes Image aufzubauen dauert Jahre, ein gutes Image zu verlieren hingegen nur Tage. Wie ärgerlich, wenn ihre Bonität als Hauptlieferant eines wichtigen Kunden durch selbsterzeugte Lieferprobleme herabgestuft wird.

Im Zweifel empfehle ich eher, den Produktivstart kontrolliert zu verschieben, als solche Risiken einzugehen und sie können mir glauben, dass ich absolut kein Freund von Terminverfehlungen bin. Allerdings bin ich ein großer Freund eines realistischen Risiko- und Qualitätsmanagements.

Das wollte ich kurz noch loswerden, ehe wir wieder zur Futura Hanse GmbH zurückkehren, um unseren Projektleitern bei den Vorbereitungen der End to End-Testphase über die Schultern zu schauen.

Für die Vorbereitung der Testphase haben Frau Zugleich und Herr Klarsicht ein Vorbereitungsmeeting angesetzt, um alle Abteilungen über das Vorgehen zu informieren und genau dort hören wir mal hinein.

„Aus unserer Sicht sind jetzt alle wesentlichen Geschäftsprozesse in der Software abgebildet“, sagt Herr Klarsicht gerade.

"Genau, wir sind jetzt auf der Zielgeraden. Die Ergebnisse der anstehenden End to End-Testphase entscheiden darüber, ob wir termingerecht mit der neuen Software starten können", ergänzt *Frau Zugleich.*

"Die Testphase beginnt Anfang nächster Woche. Als erstes setzen wir ein nagelneues Testsystem auf, das wir genau so einstellen, wie wir es in den letzten Wochen besprochen haben. Anschließend werden alle definierten Stammdaten, wie Kontenplan, Debitoren, Kreditoren, Anlagen, etc. in das System migriert. Dann werden die User mit den entsprechenden Berechtigungen eingerichtet und die Workflows installiert. Danach ist die Software arbeitsbereit. Zuletzt machen wir einen sogenannten Systemfreeze. Wir frieren das System ein. Das bedeutet, dass niemand mehr Veränderungen an Daten oder Parametern vornehmen darf. In diesem System testen wir dann alle definierten Geschäftsprozesse und Berechtigungen."
Herr Klarsicht schaut in die Runde.

"Weshalb darf niemand mehr etwas ändern?", fragt Herr Spar, der Leiter der Buchhaltung.

"Wenn wir einen Teil der Tests bereits durchgeführt haben und jemand danach Einstellungen in der Software verändert, könnten unsere bis dahin erreichten Testergebnisse obsolet werden, so dass diese Tests wiederholt werden müssen, um sicherzugehen, dass sich nichts negativ verändert hat.", erklärt *Frau Zugleich.*

"Und was ist, wenn der Test ergibt, dass eine Systemeinstellung verändert werden muss?", hakt Herr Spar nach.

"Dann müssen die davon betroffenen Bereiche analysiert und erneut getestet werden", antwortet *Frau Zugleich.*

"Das ist aber ein recht komplexes Verfahren. Stimmts?", merkt *Frau Such* aus dem Einkauf an.

"Absolut. Vor allem ist es wichtig, dass wir alle in einem Raum sitzen und uns gegenseitig jeweils zurückmelden, wo wir uns in einem Prozess gerade befinden", erläutert *Herr Klarsicht.*

„Haben sie ein Beispiel dafür?", fragt Herr Spar weiter.

„Ja, gern. Stellen sie sich vor, dass der Einkauf einen Rohstoff bestellt hat. Dazu musste auf einen Artikel, einen Lieferanten und ggf. einen Rahmenvertrag zugegriffen werden. Etwas später wird die Ware geliefert. Das Lager kontrolliert die Ware und „bucht" anschließend den Wareneingang. In dem Moment wird automatisch der Lagerbestand erhöht und der Status der Bestellung auf „geliefert" geändert. Im Testfall müssen wir uns informieren, damit wir die beiden Sachverhalte prüfen können. Wurde der Bestand korrekt erhöht? Wurden die richtigen Konten angesprochen? Weitere Testfälle wären Mindermengen- und Überlieferungen oder das Abweisen der Ware wegen Beschädigung etc." erklärt Herr Klarsicht.

„Außerdem müssen wir verschiedene Anwendungsfälle anlegen. Beispielsweise mehrere Einkäufe, damit wir einige offene Verbindlichkeiten bekommen, um später einen Zahlungslauf testen können. Dasselbe gilt für Lagerbestände, damit wir die Bestandsbewertungsläufe testen können", ergänzt Frau Zugleich.

Langsam wird dem Projektteam klar, welche Komplexität diese Testszenarien haben werden. Schließlich müssen sie alle wesentlichen Geschäftsprozesse des Unternehmens abdecken.

„Hinzu kommt, dass wir die Tests protokollieren müssen. Wenn Fehler auftauchen, werden sie in Kategorien eingeteilt. Fehlerkategorie A bedeutet, dass damit ein Produktivstart nicht möglich ist, Kategorie B bedeutet, das ein Produktivstart möglich ist, aber sofort an der Fehlerbehebung gearbeitet werden muss. Fehler der Kategorie C gefährden den Geschäftsbetrieb nicht und sind eher Schönheitsreparaturen oder Optimierungen und werden im Nachgang von den Beratern abgearbeitet."

„Wie wird mit erkannten Fehlern umgegangen?", fragt Frau Such.

„Wir werden in mehreren Intervallen sämtliche Geschäftsprozesse durchtesten. Nach jedem Intervall werden die gefundenen Fehler behoben. Im nächsten Testintervall stellt sich dann heraus, ob die

Fehlerbehebung erfolgreich war. Im Vorfeld der Tests werden wir eine maximale Fehlerquote für Fehler der Kategorie B und C festlegen. Erst wenn diese Fehlerquote unterschritten wird, kann eine Freigabe für den Produktivstart erfolgen. Gibt es noch Fehler der Kategorie A, die wir nicht rechtzeitig beheben können, darf kein Produktivstart erfolgen."

Herr Klarsicht blickt in die Runde und sieht zustimmendes Nicken.

„Als erstes müssen die wesentlichen Geschäftsprozesse des Unternehmens dokumentiert werden. Sie sind die Basis für die End to End-Testfälle. Dabei wird in Prozessschritten gedacht und nicht in Abteilungen, weil diese Geschäftsprozesse Tätigkeiten aus verschiedenen Abteilungen beinhalten. Hierbei werden auch gleich die eingebundenen Schnittstellen mitgetestet", erklärt Frau Zugleich.

„Kann man zusammenfassend sagen, dass End to End-Tests den Prozessabläufen entsprechen, die bei uns im Alltagsgeschäft ablaufen?", fragt Herr Spar vorsorglich noch einmal nach.

„Genau das ist die Intention der End to End-Testphase. Wenn diese Prozesse funktionieren, wird das Unternehmen nach dem Produktivstart arbeitsfähig sein. Wichtig ist, dass sie die erfolgreich getesteten Geschäftsprozesse abschließend durch eine Abnahme formal bestätigen, damit klar ist, was funktioniert und was noch nachzubessern ist", bestätigt Frau Zugleich.

„Bedenken sie bitte, dass Reports auch zu den Testobjekten gehören und gleich mitgetestet werden müssen", gibt Herr Klarsicht noch zu bedenken.

Wieder nicken alle einhellig.

„Wir haben das Verfahren, so wie wir es eben besprochen haben, in einem Testkonzept zusammengefasst. Das Konzept wird dann noch um die von ihnen erarbeiteten End to End-Testfälle ergänzt. Das Ganze steht für sie zum Nachlesen im Projektverzeichnis zur Verfügung", schließt Herr Klarsicht das Meeting.

Die Komplexität dieser Aufgabe macht dem Projektteam in diesem Projektstadium keine Probleme mehr. Mittlerweile können die Projektbeteiligten sehr genau nachvollziehen, warum das Testvorgehen in dieser Weise erfolgen muss. Je nach Größe und Komplexität des Unternehmens kann die End to End-Testphase sogar mehrere Wochen in Anspruch nehmen. Hilfreich ist es, wenn die Geschäftsführung diese Phase durch genügend Kaffee, Tee, Erfrischungsgetränke, Obst und andere Annehmlichkeiten unterstützt. Das hebt die Stimmung, erzeugt Energie und Durchhaltevermögen und lässt die Mitarbeiter auch nach dem eigentlichen Feierabend noch durchhalten. Und ganz nebenbei zeigt es auch Wertschätzung für ihre Arbeit. Und Wertschätzung ist der Treibstoff der Fleißigen! Aber da erzähle ich ihnen ja zum Glück nichts Neues. Das sind überschaubare Investitionen, die sich lohnen.

Die Integrationstestphase schweißt die eingebundenen Mitarbeiter nochmals enger zusammen. Hier können in kurzer Zeit viele wesentliche Erfolge generiert werden und das motiviert das Team, auftretende Fehler gemeinsam zu eliminieren. Die End to End-Testphase ist im Normalfall ein hochgradig produktiver Zeitraum. Ich habe nur angedeutet, was alles zu testen ist. Tatsächlich kann die Liste sehr viel länger sein, also wundern sie sich nicht.

Glücklicherweise haben die Futura Hanse GmbH und die Sieger Consult diese Projektphase umsichtig durchgeführt. Am Ende hat die Futura Hanse GmbH die End to End-Tests formal abgenommen und ist der Meinung, dass dem Produktivstart nichts mehr im Wege steht. Damit ist auch diese Projektphase erfolgreich abgeschlossen.

5.3.11 Produktivstartphase / Go Live: Go for gold!

Während der Vorbereitungsphase für den Produktivstart sollten, wie bereits beschrieben, die finalen User Schulungen durch die Key User durchgeführt werden.

Normalerweise wird schon zu Projektbeginn der Termin für den Produktivstart festgelegt. Um nicht während des laufenden Geschäftsbetriebs zu starten, sollte man darauf achten, den Termin für den Produktivstart auf ein Monatsende und ein Wochenende zu legen. Am besten nutzt man ein verlängertes Wochenende oder eine günstige Konstellation mit Feiertagen. Das nimmt enorm Druck aus dem Prozess und gibt allen Beteiligten ausreichend Zeit die notwendigen Schritte mit Ruhe und Umsicht auszuführen. Das Alltagsgeschäft ruht und die volle Konzentration der eingebundenen Mitarbeiter steht für den Produktivstart zur Verfügung.

Derzeit läuft bei der Futura Hanse GmbH der erste Vorbereitungsworkshop für den Produktivstart. Unsere Projektleitung, Frau Zugleich und Herr Klarsicht, erläutert den Key Usern gerade, was als nächstes zu tun ist. Das sollten wir nicht verpassen.

„Wir haben die End to End-Testphase mit einem Minimum an Fehlern, also deutlich unter der definierten Quote, beendet und können uns jetzt den Aktivitäten widmen, die für den Produktivstart benötigt werden. Wir nennen das „Cut-Over-Planung".
In dieser und der nächsten Woche finden die finalen User-Schulungen statt Danach sind alle User in der Lage, die ERP-Software zu bedienen. Falls es in der Anfangsphase nach dem Produktivstart noch Schwierigkeiten bei der Bedienung gibt, stehen wir ihnen solange mit Rat und Tat zur Seite bis Routine eintritt.

Jetzt planen wir gemeinsam die Schritte, die ausgeführt werden müssen, um einen kontrollierten Produktivstart zu gewährleisten:

- *Die Kunden müssen informiert werden, dass die Futura Hanse GmbH in der übernächsten Woche ausnahmsweise nur bis zum Geschäftsschluss am Donnerstag erreichbar ist.*
- *Bitte legen sie gemeinsam fest, bis zu welchem Termin Vorgänge noch im alten System und ab wann sie im neuen System erfasst werden sollen, beispielsweise:*
  - *Einkaufsbestellungen*
  - *Eingangsrechnungen*
  - *Ausgangsrechnungen*
  - *Wareneingänge*
  - *Zahlungen*
  - *Produktionsaufträge*
  - *etc.*

Bitte behalten sich noch einige Vorgänge zurück. Wir erklären ihnen später wozu.

Bei einem Produktivstart zum 02.01. eines neuen Geschäftsjahres sind natürlich alle Geschäftsprozesse abzuschließen, die in das alte Geschäftsjahr gehören. Aber weiter in der Liste.

- *Donnerstagabend, um 20.00 Uhr wird das alte System für alle User, außer den Key Usern geschlossen. Die User werden zentral abgemeldet, um auszuschließen, dass es noch zu Datenveränderungen kommt.*
- *In der Zeit von 20.00 Uhr bis 23.00 Uhr können die Key User alle Unterlagen aus dem alten System ziehen, die sie für die Kontrolle der Datenmigration benötigen, zum Beispiel:*
  - *Bilanz und GuV*
  - *Saldenlisten*

- o *Bestandslisten*
- o *Anlagenspiegel*
- o *offene Bestellungen*
- o *offene Aufträge*
- o *etc.*

- *Ab 23.00 Uhr werden auch die Key-User zentral abgemeldet.*
- *Freitagmorgen werden die Daten aus dem alten System in die neue Software migriert.*
- *Zuerst die Stammdaten, dann die Bewegungsdaten.*
- *Parallel dazu werden die Schnittstellen umgestellt.*
- *Wir gehen davon aus, dass dies den ganzen Vormittag in Anspruch nimmt. Um 12.00 Uhr ist die Deadline, dann wollen wir damit fertig sein.*
- *Sobald wir fertig sind, bekommen sie von uns die Freigabe und können sich im neuen System anmelden.*
- *Sie haben dann den ganzen Nachmittag und Abend Zeit, die gleichen Listen aus dem neuen System zu ziehen, die sie auch aus dem Alt-System gezogen haben. Anschließend führen sie ihre Abstimmarbeiten durch*
- *Während der ganzen Zeit stehen sie in Kontakt mit der Projektleitung, um Fehler oder andere Auffälligkeiten zurückzumelden.*
- *Am Samstagmorgen machen wir ein kurzes Statusmeeting. Wenn alle Stammdaten kontrolliert und korrekt sind, geben wir die Software für die Geschäftsprozesse frei.*
- *Sie können dann damit beginnen die ersten Geschäftsvorfälle ins neue ERP-System einzugeben. Schwierigkeiten melden sie bitte sofort an die Projektleitung, damit wir umgehend reagieren können. Für diese Tätigkeiten ist der gesamte Samstag geplant.*
- *Am Sonntag gegen 10.00 Uhr stimmen wir uns nochmals ab. Wenn keine Probleme in ihren Abteilungen aufgetaucht sind,*

bitten wir sie, aus formalen Gründen eine kurze E-Mail an die Projektleitung zu senden, mit einer Freigabeerklärung für ihren Bereich

- *Sobald wir alle Freigabeerklärungen haben, werden wir dies der Geschäftsführung berichten und um die Genehmigung für den Produktivstart bitten.*
- *Spätesten am Sonntag um 12.00 Uhr wird die Futura Hanse GmbH mit dem neuen ERP-System produktiv starten.*
- *Sollte es zwingende Gründe geben, den Produktivstart zu verschieben, läuft ab 12.00 Uhr das Fallbacksszenario an. Dieses Szenario gewährleistet, dass sie am Montag wieder mit dem alten System weiterarbeiten können."*

Herr Brauch aus dem Einkauf meldet sich zu Wort: "Sie sagten, dass wir den kompletten Samstag Zeit haben Geschäftsvorfälle zu erfassen. Sind das die Geschäftsvorfälle, die wir zurückbehalten sollten?"

Herr Klarsicht übernimmt jetzt das Ruder:

"Gute Frage. Wir möchten Sie bitten, die neuesten Aufträge, Bestellungen etc. nicht mehr im alten System zu erfassen, sondern für das neue System "aufzuheben". Nach der Datenmigration können wir zwar alle Stammdaten und die bis dahin aufgelaufenen Bewegungsdaten kontrollieren. Ob das Produktivsystem aber auch die Geschäftsprozesse richtig verarbeitet, können wir nur mit echten Daten testen. Wir können ja keine Testdaten im Produktivsystem verarbeiten. Deshalb bitten wir sie, eine sinnvolle Anzahl an Geschäftsprozessen aufzuheben und diese als erste in die neue ERP-Software einzugeben. Dann wissen wir sofort, ob sie korrekt arbeitet."

Für die Key User klingt diese logisch in findet sofort ihre Zustimmung.

"Sie müssten als nächstes in jeder Abteilung eine Checkliste aller

durchzuführenden Arbeiten für den Abgleich zwischen der alten und der neuen Software erstellen", erklärt Herr Klarsicht.

Frau Zugleich ergänzt: „Wir erarbeiten in der Zwischenzeit einen Plan mit dem kompletten zeitlichen Ablauf und legen ihn für sie in das Projektverzeichnis. Außerdem erstellen wir einen Plan für das Fallback-Szenario, damit jeder weiß, was er zu tun hat, falls etwas schieflaufen sollte. Wenn alles glatt geht, treffen wir uns am Montagmorgen wieder. Jeder Key User betreut dann seine Kollegen bei den ersten Schritten. Die Berater der Sieger Consult stehen ihnen in voller Anzahl zur Verfügung, wenn Hilfe gebraucht wird."

Alle nicken und man merkt die Spannung, die so ein Produktivstart normalerweise mit sich bringt. Plötzlich muss alles auf einmal klappen. Die Verantwortung wird für alle Beteiligten fühlbar und alle spüren die viele Arbeit und die Belastung der vergangenen Wochen. Aber diese Spannung gehört dazu und hält die Aufmerksamkeit aufrecht, die gerade auf den letzten Metern des Projektes dringend gebraucht wird.

Warum ist jetzt noch einmal so ein Aufwand, wie zum Beispiel für die Erstellung von Checklisten etc. notwendig?

Immer wenn man eine gleichbleibend hohe Arbeitsqualität erzeugen möchte hilft der Einsatz von Checklisten. Bestes Beispiel dafür ist die Berufsfliegerei. Berufspiloten können ihre Maschine problemlos, auch ohne den Einsatz von Checklisten, starten und landen. Trotzdem sind die Checklisten Vorschrift, weil sie eine gleichbleibend hohe Qualität der Handlungen des Piloten, auch bzw. gerade in Krisensituationen gewährleisten.

Der wichtigste Nachweis, den ein Unternehmen nach einer Software-Implementierung erbringen muss ist, dass alle Daten aus dem Alt-System auch in der neuen Software angekommen sind. Das gilt natürlich nur für den festgelegten Datenumfang, nicht mehr aber auch nicht weniger. Entsprechend muss man Daten aus dem alten System ziehen und mit den Daten in der neuen ERP-Software vergleichen, bevor man anfängt, die ersten Geschäftsprozesse zu starten. Diese Unterlagen sind gemäß § 257 HGB sechs bzw. zehn Jahre aufzubewahren. Abstimmungskontrollen kann man vollständig oder in angemessenen Stichproben durchführen. Diese Kontrollhandlungen sind zu dokumentieren und mit Namen, Datum und Unterschrift des Kontrollierenden zu versehen. Was in dieser Phase vergessen wurde ist teilweise nur unter großem Aufwand nachholbar. Checklisten stellen sicher, dass nichts vergessen wird.

Jetzt möchte ich noch einige Worte zum Risikomanagement loswerden. Wenn ihr Unternehmen in einem sehr sensiblen Markt unterwegs ist, ist es sinnvoll, sich vor dem Produktivstart mit den wichtigsten Kunden und Lieferanten abzustimmen. Die meisten haben selber schon ERP-Softwareimplementierungsprojekte bewältigt und deshalb Verständnis, wenn es anfangs etwas hakt. Trotzdem ist das unangenehm und man möchte Komplikationen vermeiden bzw. die Phase so kurz halten wie möglich.

Was kann man also tun?

- Wenn sie Produzent sind, können sie vorproduzieren, um im Falle eines Produktionsausfalls weiter lieferfähig zu sein (Halbfertig- und Fertigerzeugnisse)
- Sie können für kurze Zeit den Lagerbestand hochfahren für die eigene Produktion oder/und zum Beliefern der Kunden
- Sie können mit dem Kunden absprechen, dass er für kurze Zeit etwas mehr auf Vorrat bestellt, damit er im Krisenfall arbeitsfähig bleibt

All diese Maßnahmen können im Krisenfall helfen Probleme im eigenen Haus abzufedern, ohne dass es ihr Image schädigt.

Dazu gehört auch ein vernünftig definiertes Fallbackszenario. Oftmals ändert sich bei der Einführung einer neuen ERP-Software die Systemlandschaft gravierend. Manche Systeme werden abgestellt, weil die neue Software deren Aufgaben übernimmt. Schnittstellen werden umgebaut, damit sie mit der neuen Software kompatibel sind usw.

All dies ist ja auch beabsichtigt. Aber stellen sie sich einmal vor, sie bemerken am Sonntagmittag, dass die neue ERP-Software nicht so läuft wie sie soll. Das sollte natürlich nicht passieren, ist aber auch bei bester Vorbereitung schon vorgekommen.

Damit am Montagmorgen wieder problemlos gearbeitet werden kann muss der alte Zustand schnellstens wieder hergestellt werden. Dazu haben sie jetzt einen Nachmittag und die Nacht zur Verfügung. Es herrscht eine Mischung aus Verwirrung und Panik bei den Mitarbeitern, obwohl gerade jetzt jede Minute kostbar ist.

Bitte glauben sie mir, dass sie sich den daraus resultierenden Adrenalinschub lieber bei Freizeitaktivitäten holen sollten.

Aber zum Glück kann man sogar so ein Szenario vorbereiten.

Es beginnt mit der Analyse, welche Systeme wieder in den ursprünglichen Zustand zurück versetzt werden müssen. Dann müssen die Schnittstellen betrachtet werden. Anschließend müssen die User wieder freigeschaltet werden, um nur ein paar Beispiele zu nennen.

Nachdem sie das analysiert haben, ermitteln sie die Zeit, die die Abarbeitung der Checklisten erfordert und schreiben hinter jede Aktivität den Namen des Mitarbeiters, der sie durchführen muss. Damit kennen sie auch den Zeitpunkt, wann die Entscheidung gegen den Produktivstart spätestens zu treffen ist, um all diese Arbeiten noch in angemessener Zeit ausführen zu können. Am Ende besprechen sie das Szenario bei einer oder auch mehreren Tassen Kaffee mit den potentiellen „Rettern", damit alle ihre Aufgaben kennen.

Alles keine Hexerei, aber überaus hilfreich in ohnehin schon angespannten Situationen.

Im Vorfeld sollten Szenarien definiert werden, die zu einem Abbruch des Produktivstarts führen könnten. Dadurch kann über einen Abbruch eindeutiger und schneller entschieden werden. Die Entscheidung muss final von der Geschäftsführung getroffen, verkündet und dokumentiert (zum Beispiel E-Mail) werden.

In den ersten Arbeitstagen nach dem Produktivstart müssen die Key User und die Berater für Fehlerbehebungen und Hilfestellung (Coaching on the job) am Arbeitsplatz bereitstehen. Auftretende Fehler werden zentral gesammelt, nach Kritikalität bewertet und sofort bearbeitet. Dieser Prozess läuft solange, bis sich das Fehleraufkommen in einem unkritischen Bereich bewegt. Dieser Prozess kann einige Tage dauern, weil das Unternehmen normalerweise nicht gleich am ersten Tag alle wesentlichen Geschäftsprozesse durchläuft. Planen sie dafür ein bis zwei Wochen ein. Sie können ja jederzeit abkürzen, wenn alles klappt.

Unsere Futura Hanse GmbH hat diese Hinweise beherzigt und einen termingerechten Produktivstart geschafft. Am Ende des ersten Arbeitstages kann Frau Orga zusammen mit Herrn Kauffmann und der Projektleitung verkünden, dass es keine gravierenden Probleme gibt und dass die Geschäftsführung das zum Anlass nimmt, sich mit einer kleinen Feier bei den Mitarbeitern zu bedanken.
Ich bin sicher, dass sie das auch tun würden, Thema Wertschätzung und so …

Aber eine Frage bleibt noch offen:
Was wird mit den alten Systemen gemacht, die jetzt nicht mehr im Einsatz sind, die aber die ganzen Daten der letzten Jahre beinhalten?

Bedenken sie bitte, dass die Betriebsprüfer des Finanzamts unter Umständen auf diese Daten zugreifen möchten (Stichwort: Grundsätze zur ordnungsmäßigen Führung von Büchern, Aufzeichnungen und Unterlagen in elektronischer Form sowie zum Datenzugriff (GoBD)). Außerdem sind hier auch schon wieder die Archivierungspflichten gemäß HGB und AO einschlägig.

Dafür müssen sie noch eine Lösung finden. Das ist wichtig.

6 Die Sicht der Wirtschaftsprüfer: „… wäre ja auch zu schön gewesen …"

Was soll jetzt noch dieses Kapitel zum Thema Wirtschaftsprüfer. Klingt ja auch nicht wirklich spannend, das gebe ich zu. Aber es lohnt sich trotzdem ein paar Worte zu diesem Thema zu verlieren.

Ab einer bestimmten Größenordnung können sie als Geschäftsführer nicht mehr alle Tätigkeiten innerhalb des Unternehmens überblicken. Um sicherzustellen, dass diese Tätigkeiten trotzdem in ihrem Sinne ausgeführt werden, müssen sie Regeln etablieren. Wenn sie diese Regeln dann auch noch in einer ERP-Software abbilden, haben sie eine hohe Sicherheit, dass sie auch eingehalten werden. Das ist der Zweck eines internen Kontrollsystems (IKS). Das interne Kontrollsystem in einem Unternehmen ist unverzichtbar. Die Ausprägung muss angemessen zur Unternehmensgröße gewählt werden.

Für den Wirtschaftsprüfer bedeutet die Implementierung einer neuen ERP-Software, dass er alle Zahlen, die er im Jahresabschluss testieren soll, aus einer Software bezieht, deren Qualität er nicht kennt. Deshalb muss er sich ein Bild von der Validität der Software machen.
Als erstes wird er sie fragen, ob die ERP-Software zertifiziert ist. Dieses Softwarezertifikat bekommen sie vom Softwarehersteller. Meistens können sie das Zertifikat von seiner Homepage herunterladen. Das Testat, sagt aber nur, dass irgendein Wirtschaftsprüfer geprüft hat, ob die Software in der Lage ist bei bestimmten Einstellungen die o.g. GoBD einzuhalten. Da ihr Wirtschaftsprüfer aber nicht weiß, wie ihre ERP-Software eingestellt ist, ist er verpflichtet, sich davon ein eigenes Bild zu machen.

Zunächst ist es für ihn wichtig nachgewiesen zu bekommen, wie das Unternehmen sichergestellt hat, dass alle Daten, die geschäftsjahresrelevant sind, aus dem alten System, vollständig und richtig in die neue ERP-Software übernommen wurden.

Genau dazu haben sie unmittelbar vor dem Produktivstart die Abstimmungsaktivitäten durchgeführt und adäquat dokumentiert.

Das nächste, das für den Wirtschaftsprüfer relevant ist, ist dass der Betrieb der neuen Software, in dem zu testierenden Geschäftsjahr, störungsfrei verlief.

Dazu müssen sie nachweisen, dass sie ein Incident-Management etabliert haben, das gewährleistet, dass Störungen in angemessener Zeit behoben und dokumentiert werden. Sollte es Probleme gegeben haben müssen sie diese nachvollziehbar dokumentieren und aufzeigen, wie die Probleme behoben wurden.

Außerdem muss er sich davon überzeugen, dass das implementierte Berechtigungskonzept wirksam ist und die Geschäftsprozesse adäquat vor Manipulationen oder versehentlicher Veränderungen geschützt hat.

Hierdurch kommen im ersten Geschäftsjahr nach der Implementierung erhöhte Kosten für die Wirtschaftsprüfung auf sie zu. Noch höher steigen diese Kosten, wenn sie in einem der genannten Bereiche keine Nachweise erbringen können oder ansonsten formal schwach aufgestellt sind. Dann muss der Wirtschaftsprüfer nämlich den Umfang seiner Prüfungshandlungen erweitern, um sicher gehen zu können, dass trotz der Schwächen, alle Werte im Jahresabschluss korrekt sind. Sollten sich die formalen Schwächen nicht heilen lassen, kann es im schlimmsten Fall zu einem Einschränkungsvermerk im Jahresabschlusstestat kommen. Das ist eine Situation, die im Allgemeinen negativ auf die Geschäftsführung zurückschlägt.

Glücklicherweise kann ihnen das jetzt nicht mehr passieren und die Mehrkosten für die Wirtschaftsprüfer können sie auch rechtzeitig budgetieren.

Grundsätzlich kann es sich als sinnvoll erweisen, den Wirtschaftsprüfer von Anfang an mit in das laufende Projekt einzubinden. Dann kann er sich mitlaufend ein Bild vom Projektverlauf machen und an den für ihn relevanten Stellen gleich für formale Sicherheit sorgen. Dadurch entstehen natürlich Kosten, die sie aber später bei den Jahresabschlusskosten wieder einsparen, weil der Wirtschaftsprüfer ja bereits weiß, wie ihre neue ERP-Software implementiert und abgestimmt wurde. Es handelt sich also eher um eine Kostenverlagerung. Mehrkosten entstehen wie gesagt ohnehin. Wie auch immer sie mit ihrem Wirtschaftsprüfer zusammenarbeiten, es lohnt sich in jedem Fall, ihn von der Einführung einer neuen ERP-Software in Kenntnis zu setzen. Daraus wird sich dann automatisch ein sinnvolles gemeinsames Vorgehen entwickeln.

7 Nachgedanken

So, jetzt haben wir es alle fast geschafft. Die Futura Hanse GmbH hatte einen erfolgreichen Produktivstart und damit eine IT-Plattform geschaffen, mit der sie zukunftsfähig ist.

Sie haben dieses Büchlein fast zu Ende gelesen und ich bin gleich fertig mit dem Verfassen des Büchleins.

Trotzdem möchte ich ihnen noch ein paar Gedanken mit auf ihren erfolgreichen Weg geben.

Die Implementierung einer ERP-Software ist teuer, zeitintensiv, belastet die Mitarbeiter und in vielen Fällen auch die Nerven aller Beteiligten. Ergo sind alle froh, wenn der erfolgreiche Produktivstart hinter ihnen liegt. Dadurch entfällt in der Regel eine wichtige Projektphase, nämlich die Optimierungsphase. Sie haben gerade typischerweise über eine Million Euro für die neue ERP-Software inklusive aller internen und externen Kosten investiert. Je nach der Qualität der Zusammenarbeit zwischen ihren Key Usern und den Beratern werden die Möglichkeiten ihrer neuen Software im Normalfall nun zu ca. 60 Prozent genutzt. Wenn sie das auf eine Produktionsanlage übertragen, wären sie damit absolut unzufrieden. Genau diese Sicht sollten sie auch auf ihre neue ERP-Software haben. Deshalb ist es von elementarer Bedeutung, dass sie spätestens ein halbes Jahr nach dem Produktivstart, wenn Routine im Umgang mit der Software eingetreten ist, eine Optimierungsphase einläuten. Befragen sie alle User, wie zufrieden sie im alltäglichen Umgang mit der Software sind. Fragen sie nach Anregungen für Verbesserungen und allem, was den Usern ansonsten noch aufgefallen ist. Sammeln sie diese Themen und setzen sie sich mit den Key Usern und den Beratern noch einmal zusammen, um für die analysierten Punkte Lösungen zu finden. Das steigert den Nutzungsgrad und die Userakzeptanz erheblich, auch wenn dafür nochmals Kosten und Zeitaufwand entstehen.

In der Vergangenheit war der Richtwert für die Nutzungsdauer einer ERP-Software fünf bis sieben Jahre. Danach erfolgte oftmals die Einführung einer neuen Software. Das bedeutet, dass die Optimierung ihres Systems fünf bis sieben Jahre Früchte trägt.
Allein daran können Sie bereits erkennen, dass sich das lohnt.

Aber die Zeiten ändern sich. Wir leben im Zeitalter der Cloud. Die ERP-Software der fortschrittlichen Hersteller hat heutzutage kein Ablaufdatum mehr. Während der Nutzungszeit stellt ihnen der Softwarehersteller automatisch neue Funktionen zur Verfügung. Ihre ERP-Software veraltet nicht mehr. Das ist ein großer Vorteil, vor allem, wenn sie jetzt an die Wirkung ihrer schlauen Optimierungsmaßnahmen denken. Was sich aber gegenüber der „alten" Zeit auch ändert ist, dass sie die Key User auch nach dem Projektende weiterhin benötigen, um die Neuerungen in der Software zu verfolgen und zu prüfen, ob sie für ihr Unternehmen nutzbar sind. Nur so halten sie den funktionalen Nutzungsgrad ihrer ERP-Software hoch. Aus meiner Erfahrung reicht es aber aus, wenn die Key User die Softwareänderungen und funktionalen Erweiterungen regelmäßig verfolgen und ein- bis zweimal pro Jahr zusammensitzen, um zu beschließen, was von diesen Funktionen für ihr Unternehmen hilfreich ist.

Sie werden feststellen, dass ihr Unternehmen nach der erfolgreichen Einführung des neuen ERP-Systems spürbar anders „tickt" und das liegt bei weitem nicht nur an der neuen Software. Sie haben gemeinsam mit ihren Mitarbeitern eine sehr große Herausforderung bewältigt und das schweißt zusammen. Noch nie haben ihre Mitarbeiter, insbesondere die Key User, so eng zusammengearbeitet, Informationen ausgetauscht und abteilungsübergreifende Lösungen entwickelt. Der Wissensstand dieser Mitarbeiter ist nach dem Projekt phänomenal und wird ihrem Unternehmen „klimatisch" und auch wirtschaftlich zugutekommen. Die Key User werden in einer Vorreiterposition bleiben und diese Sonderrolle wertet sie auf (und schon wieder das Thema Wertschätzung). Wertschätzung motiviert zu Leistung.

Also nach dem Projekt ist auch hier vor dem Projekt, allerdings haben diese kleinen Optimierungsprojekte nicht annähernd den Charakter einer Neu-Implementierung.

Es ist ein bisschen wie beim Häusle bauen. Es gibt Menschen, die davor Angst haben und Menschen, die diese Schaffensphase besonders genießen und stolz darauf sind.

Wenn sie also das nächste Mal in ihrem Unternehmerkreis beim Thema ERP-Implementierung Aussagen hören wie,
- Alter Wein in neuen Schläuchen und das für Millionen Euro
- Eigentlich läuft es nicht besser als vorher
- Das Projekt hat die Mitarbeiter verheizt
- Zu teuer, zu lange, desaströs
- Bloß nie wieder
- …

… dann wissen sie es besser, machen es besser, haben die Risiken fest im Blick und freuen sich auf die Chancen, die ihnen die Zeit mit der neuen ERP-Software und den „neuen" alten Mitarbeitern ermöglicht.

Ich wünsche ihnen viel Erfolg bei ihren Vorhaben – den Sie mit ihren neuen Kenntnissen zum Thema ERP-Softwareimplementierung mit Sicherheit haben werden – und ich freue mich über ihr Interesse an diesem Büchlein.